SAPORI DA RISCOPRIRE

ARNEO NIZZOLI

LA ZUCCA

CON LE RICETTE DI ALCUNI TRA I PIÙ CELEBRI CHEF D'ITALIA
RICETTE DI CUOCHI "STORICI" DA PLATINA AD ARTUSI
INTRODUZIONE DI ALBERTO CAPATTI
ABBINAMENTO DEI VINI DI GIUSEPPE VACCARINI

BIBLIOTHECA CULINARIA

Tutti i diritti in Italia e all'estero sono riservati all'editore.
I diritti di traduzione, di memorizzazione elettronica, di riproduzione
e di adattamento, totale o parziale, con qualsiasi mezzo
(compresi i microfilm e le copie fotostatiche) sono riservati per tutti i paesi e non possono essere concessi a terzi
senza il permesso scritto dell'editore.

COORDINAMENTO GRAFICO EDITORIALE: MARIO CUCCI
REDAZIONE E TESTI: DANIELA GARAVINI
GRAFICA E REALIZZAZIONE: THE C' SERVIZI EDITORIALI SAS - MILANO
FOTOGRAFIE: NICOLETTA INNOCENTI
ALTRE IMMAGINI: RACCOLTE STAMPE "ACHILLE BERTARELLI", BIBLIOTECA DI STORIA NATURALE, MILANO

© BIBLIOTHECA CULINARIA S.R.L.
VIALE GENOVA, 2/B - 20075 LODI
TEL. 0371-412684 • FAX 0371-413287
e-mail:biblicu@ibenet.it
ISBN 88-86174-04-7

I^a Edizione luglio 1996

Sommario

- 6   Un capriccio di natura di Alberto Capatti
- 12   I nomi e l'origine. Descrizione. Le qualità nutritive e terapeutiche in cucina. Acquisto, conservazione, operazioni base di Daniela Garavini

25   LA ZUCCA IN CUCINA DA PLATINA AD ARTUSI

35   LE RICETTE DI ARNEO NIZZOLI

- 36   **Fiori di zucca ripieni**
- 37   **Bucce di zucca cotte in mostarda di mele**
- 38   **Mezzelune di zucca fritte**
- 39   **Zucca in salsa piccante**
- 40   **Barchette di zucca con alici**
- 42   **Fagottini delizia con zucca**
- 44   **Frittelline di zucca**
- 46   **Tortino di zucca e cipolla**
- 48   **Torta salata di zucca**
- 50   **Frittata con cipolle e zucca**
- 51   **Sacchetto di pasta con zucca e ricotta**
- 53   **Tortelli di zucca**
- 54   **Crema di zucca**
- 55   **Spaghetti con la zucca**
- 56   **Crema di patate**
- 59   **Rigatoni con la zucca**
- 60   **Gnocchi di zucca**
- 63   **Risotto di zucca**
- 64   **Lasagne di zucca**
- 66   **Gnocchetti con fagioli e zucca**
- 68   **Bocconcini di salsiccia e zucca**
- 69   **Petti di pollo con zucca e vino cotto**
- 70   **Maiale brasato con zucca**
- 71   **Cotechino alla vaniglia con purè di zucca**
- 72   **Sformato di zucca**
- 73   **Polpettone di zucca**
- 74   **Rotolo di zucca e spinaci**
- 76   **Baccalà con cipolla e zucca**
- 75   **Ricciolini di zucca**
- 76   **Torta di zucca**
- 79   **Biscotti di zucca**
- 80   **Torta speziata di zucca**
- 82   **Zuccotto di zucca**
- 85   **Strudel di zucca**
- 86   **Gelato di zucca**

87   CUOCHI CELEBRI INTERPRETANO LA ZUCCA

- 88   Romano Resen
  Gratin di gamberi di ruscello
- 89   Pinuccio Alia
  Schiuma di zucca Ippolito Cavalcanti
- 90   Laura Valastro
  Zucca fritta alla siciliana
- 91   Salvatore Tassa
  Zucca in carpione
- 92   Romano Tamani
  Tortino di zucca alla quistellese
- 93   Ezio Santin
  Tortino di zucca e tartufi neri
- 94   Nadia e Antonio Santini
  Zucca marinata
- 96   Sergio Cantatore
  Zucca alla murgese
- 97   Lucio Pompili
  Cresc Tajat con coniglio e zucca

Sommario

98 Paolo Teverini
Tortelli di zucca e patate

99 Roberto Ferrari
**Minestra di zucca
con mandorle tostate**

100 Claudio Sadler
**Lasagnette di zucca
e scaloppe di foie gras**

102 Marco Cavallucci
Gnocchetti di patate e zucca

103 Gualtiero Marchesi
Crema di zucca agli amaretti

104 Angelo Lancellotti
**Crema di zucca,
mandorle e arance**

105 Luigi Bortolini
Caramella di radicchio e ricotta

106 Agostino D'Ambra, Rosario Sgambati
Pasta e zucca

107 Giovanna Gasparello
**Crema di zucca
con bignoline farcite**

108 Walter Ferretto
**Risotto con zucca,
fonduta e tartufo**

110 Walter Bianconi
Zuppa gratinata di zucca

111 Vincenzo Camerucci
Tortelli di zucca con salmì di lepre

112 Domenico Burato
Minestra di zucca con riso

113 Igles Corelli
**Rotolo con patate,
zucche, ovoli**

114 Luca Bolfo
**Risotto con la zucca
e Sangue di Giuda**

115 Aimo e Nadia Moroni
**Passata di zucca
e ricotta fresca**

116 Alberto Vaccari
**Gnocchetti integrali
con fagioli e zucca**

117 Roberto Fontana
Risotto di Cenerentola

118 Umberto Vezzoli
**Caramelle di pasta ai formaggi
con passato di zucca**

119 Stefano Gandini
Salsa di zucca e rafano

120 Antonio De Rosa
**Alici in pastella
con crema di zucca**

121 Virgilio Corrado
Insalata di polpi e zucca

122 Pietro Leemann
**Zucca profumata
con rafano e scampi**

124 Laura Niccolai
Spiedini di alici e zucca

125 Claudia e Antonio Verro
**Torta monferrina
di zucca gialla e mele**

126 Renato Sozzani
**Torta di zucca
ai semi di sambuco**

127 Alfonso Iaccarino
**Delizia di zucca
con pasta di mandorle**

128 Ernst Knam
Crostata di riso e zucca

130 Piero Ferrando
Pere ripiene con zucca

132 Sergio Carboni
**Sformatino di zucca
all'anice stellato**

133 Fred Beneduce
Spumone di zucca alle mandorle

134 Franco Colombani
Soufflé di zucca

136 Enrico Parassina, Daniele Allegro
**Crostata
alla confettura di zucca**

138 Giovanni Maggi
Flan dolce di zucca e mandorle

141 RINGRAZIAMENTI

Un capriccio di natura

di Alberto Capatti

*Il primo che mangiasse zucche
fu Marullo Egizio.*
Ortensio Lando, Commentario

Con i suoi novanta generi e le sue novecento specie, per la varietà del volume e del peso, delle forme e dei colori, è il simbolo dell'intemperanza e del capriccio in Natura. Esiste dalle origini della storia, è onnipresente in tutto il globo, che si consideri quella americana o quella afro-asiatica, o si parta dalle cucurbite del Mediteranneo antico. Non ha senso limitarsi ai suoi aspetti nutritivi, tale è la sua importanza nel campo delle suppellettili e dell'arte, del linguaggio e delle feste. Zucche bianche e gialle, morbide e secche, vuote per galleggiare, piene di vino come fiaschi, riempite dai contadini con il sale e dai pescatori con il pesce. Una festa memorabile, nelle Halles di Parigi, durante il mese di settembre, *la fête du potiron*, celebrava il Re Zuccone; una galleria di quadri ne ricorda i valori ornamentali, animistici ed erotici, con nature morte (Juan Sanchez Cotàn), Madonne con il bambino (Crivelli) e scene della tentazione di Adamo (Ferdinando Maria Campani)[1]. Il più grosso dei frutti, non ha mai smesso di destare meraviglia e ispirare l'emulazione: il **Guinness dei primati** del 1996, cita i

C. Crivelli, *Madonna col Bambino*
Ancona, Pinacoteca Comunale Podesti

---

1 Per una trattazione complessiva e pluridisciplinare della zucca, si veda :
Ralf Norman and Jon Haarberg, *Nature and language. A semiotic study of cocurbits in literature*, London, Routledge & Kegan Paul, 1980

Un capriccio di natura

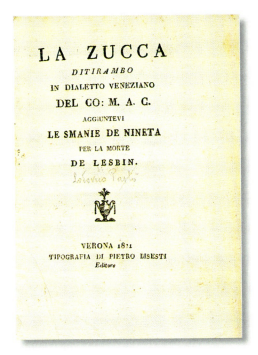

La zucca: Ditirambo in dialetto veneziano, Verona 1824

449 chilogrammi della zucca di Ashton in Canada.
È ingombrante dunque, come tutti i segni polimorfi, eppure rappresenta un alimento con caratteri originari costanti e usi univoci. A Roma, dal primo secolo avanti Cristo al terzo dopo Cristo, figura nelle mense semplici, allo stesso prezzo del cocomero; è considerata salutare e viene preparata in molti modi. Apicio fornisce nove ricette: una volta bollita, riceve le spezie e i condimenti, s'accompagna ad una salsa, oppure passa a friggere, a pezzi e in purea, o ancora s'unisce alla gallina. La sua apparizione nei pranzi mediocri o ridicoli, da Marziale a Plinio, ne preannuncia la fortuna in età moderna. Non va dimenticato che serve ovunque da recipiente[2].
La zucca bislacca e bislunga è presente nei manuali di orticoltura e in tutti i ricettari italiani, dall'anonimo toscano della fine '300 sino all'Artusi. La *cucurbita maxima*, tonda, schiacciata e pesante, viene conosciuta invece grazie ai primissimi esploratori del nuovo mondo, recepita negli atlanti botanici, suscitando un rinnovato interesse per tutte le specie autoctone. Di zucca si parla da sempre, e se ne favoleggia dai primi anni del '500, tanto da ritrovarla nei testi ameni.

Quando un alimento si impone nella poesia, nelle novelle, vuol dire che ha raggiunto stima universale e un valore affettivo che punge l'attenzione.
Non molti sono i frutti che i letterati riescono a coltivare nell'orto della scrittura, e la cucurbita gode di questo privilegio, per la sua dismisura, che aiuta lo stile comico, per la sua umiltà, che attira le parlate volgari.
Siccome può crescere interamente in sei, otto giorni, designa simultaneamente la rapidità e la pesantezza, l'inerzia e la forza della creazione umana. Siccome esiste da millenni, appartiene alla storia umana, anzi è una parte dell'uomo.
Zucca e zuccone, epiteti della capoccia, dalla gnomica greca e latina, sono stati trasmessi a tutte le lingue moderne, facendo concorrenza alle teste di cavolo o di rapa. Sembrerebbe quasi che la zucca sia destinata a crescere in fama e volume, nelle civiltà opulente. Se ne osserva, nel Rinascimento italiano la presenza meravigliosa, quasi a dimostrare una concordanza fra semi

---

2 J. André, *L'alimentation et la cuisine à Rome*, Paris, Les belles lettres 1981, pp.41-42

vegetali e intelletti umani, ovvero una simpatia morfologica fra gli organi dello sviluppo, in un periodo di splendida fioritura. La sua forma di pancia gravida e di osceno popone, è tutta da ridere. Se si considera poi che, mangiata la polpa, la scorza secca fornisce un recipiente, che, con qualche seme nel cavo, fa da sonaglio, e senza seme serve da bottiglia, è facile immaginarne il suo uso analogico, che associa in forme tonde o bislunghe, il bere e la musica.

Teofilo Folengo, infilando in una enorme cucurbita secca e vuota poeti, cantori, astrologi e i personaggi delle **Maccheronee**, conclude con questo motteggio il suo poema: "*Zucca mihi patria est*", la zucca è la mia patria[3]. Il capoccione vegetale trionfa come una ridicola analogia dell'intelletto.

Di questo Rinascimento burlone, le voci sono molteplici. Nella Piacenza del 1543, si costituiva quella accademia degli Ortolani, tutti letterati che portavano il nome di *Cetriolo*, di *Popone* e di *Cocomero*, accanto a quello di *Semenza*, scelto da Francesco Doni, il fondatore. Era costui un fiorentino ramingo, lo stravagante autore de **La zucca**, opera satirica infarcita di cicalate, aneddoti e insegnamenti, un ottimo spunto per ragionare a tavola.

Nel saluto ai lettori, il Doni cominciava proprio con un commiato alla cucina:

"*Vo lasciare da canto la zuccata confetta, la zucca lessa con l'uova, in guazzetto con l'agresto, in intingolo con le speziarie, fritta con la salsa, idest arrosto ...*"[4]

Era uno strano esordio, il cui merito principale consisteva nell'elencare ricette con un medesimo ingrediente, una polpa disponibile in quantità, fresca o secca, duttile alla cottura e facile da insaporire. Costanzo Felici, osservatore naturalista riminese, coetaneo del Doni, in una lettera **Dell'insalata e piante che in qualunque modo vengono per cibo del'homo**, ne ripete l'esempio:

"*La zucca ... è molto in consuetudine nelli cibi del'homo, cotta in minestra, in torte, in fritelle, con la carne, con l'olio, con il formaio, con gl'ova et in molti modi, como bene si puol considerare appresso de buon cuochi*"[5]

Queste testimonianze iscrivono l'alimento nel calendario domestico, con una abbondanza e una varietà autorizzate dal valore modesto della materia prima e dal suo rigoglio. "*Appena comincia la zucca a scorrer con le sue braccia la terra, che alla cucina servesi*"[6]. Era cibo fuor dall'uscio, per chiunque, con il condimento concesso dalle proprie fortune, dal sale allo zucchero, e con una attenzione alla bollitura, breve, per le insalate, senza riguardi, per minestre e puree.

Altro è invece il suo ruolo nelle corti dell'Italia padana, in particolare in quella di Ferrara, descritte dal Messisbugo, nel primo '500, e dal Rossetti, nel secondo: riceve a pezzi fagiani, pollastri, e intieri piccioni disossati e farciti; viceversa, dà il pieno a tortelli, conditi con formaggio, duro e marzolino, riversati poi a coprire

---

[3] Teofilo Folengo, *Baldus*, a cura di Emilio Faccioli, Torino Einaudi 1989, p. 878

[4] Anton Francesco Doni, *La zucca*, in: Opere di Pietro Aretino e di Anton Francesco Doni, Napoli, Ricciardi 1976, p.604

[5] Costanzo Felici, *Dell'insalata e piante che in qualunque modo vengono per cibo dell'homo*, Urbino, Quattroventi, p.88

[6] Vincenzo Tanara, *L'economia del cittadino in villa*, Venezia 1680, p.258

Un capriccio di natura

carni di capponi. Non esiste registro delle ricette principesche a base di zucca, perché essa fa da contorno o supporto a sapori pregiati o più intensi; è altresì onnipresente con carni ghiotte e droghe appetitose, zucchero e zafferano. In questa accezione, di modesto ortaggio promosso a grande destino, è da intendere il giudizio di un abile cuoco bolognese, lo Stefani, che nel 1662 ribadisce: *"se ne può fare tanta diversità di vivande, che formi una mensa intiera"*[7].

Il suo ruolo di contenitore commestibile, per pranzi importanti, merita un cenno a parte. Bartolomeo Scappi[8], lascia intendere che, per il cuoco, la farcia non costituisce un problema : la capienza della zucca permette, infatti, di deporvi ora carni battute di porco e vitella, con uova e prosciutto, ora strati di cervellate gialle e di pollastrini o uccelletti disossati. Le difficoltà nascono con la cottura che deve preservare forma e sodezza. Due sono i metodi esposti: in pentola e al forno. La zucca svuotata e farcita, viene bollita in brodo grasso, con pepe, cannella e zafferano, "accioché pigli sapore, & non sia insipida". Sarà un gioco di destrezza trasferirla dalla pignatta al piatto grande *"servendola così calda con il presciutto o la ventresca intorno"*. L'alternativa, al forno, domanda non minore abilità. La zucca viene fasciata all'interno di fette di prosciutto e stipata di ogni bene; il buco lo si tura con della polpa, fissando il tutto con uno spago. Viene quindi avvolta in fogli di carta e posta, "su un suolo di rame o di terra", nel forno *"men caldo che se si volesse cuocere il pane"*. Cavarla dopo due ore senza romperla, sciogliere carta e spago, sostituire al primo coperchio quello originale di scorza cruda, ornato di frondi, era tutta un'arte.

In queste ricette, la zucca recupera i suoi poteri magici: è una pancia rigonfia di cibo profumato, nasconde una sorpresa dentro una scorza colorata. Essa trasforma la tavola in un orto divino, affiancando i contenitori di pasta, nella costruzione di un teatro del gusto.

Tale esercizio di cucina non tramonta con la fine del '500: siccome il frutto porta in sé tutte le potenziali ricette, variando da paese a paese, da secolo a secolo, condimenti e complementi, non è difficile assistere alla ripetizione di queste prodezze. In uno dei romanzi più saporiti della Cina contemporanea, la **Vita e passione di un gastronomo cinese** di Lu Wenfu[9], la zucca-a-sorpresa ha un ruolo provvidenziale, nelle carestie degli anni

Lettera autografa di tale Sella, non identificato, indirizzata "Allo Stimatissimo Signor Francesco, cuoco della casa Galliani" con la descrizione della ricetta della zucca fritta.

---

7   Bartolomeo Stefani, *L'arte di ben cucinare*, Mantova 1662, p.84
8   Bartolomeo Scappi, *Opera*, Venezia 1570, p.82
9   Lu Wenfu, *Vita e passione di un gastronomo cinese*, Parma, Guanda 1991, p.82

Un capriccio di natura

1959-1961. Zhu Ziye, il gastronomo, ne recupera un carico, medita sulle sue magre risorse, fruga nei ricordi e formula la seguente ricetta, al complice-rivale Gao: *"Potremmo inventare la zucca-a-sorpresa. riempirla con riso di ottima qualità agli otto tesori, e cuocerla a vapore ; unendo la freschezza della zucca, la dolcezza del glutine e gli otto tesori si otterrebbe un insieme armonioso ..."*[9]

Il valore venale modesto è senza dubbio all'origine di queste invenzioni, sia che la zucca nasconda bocconi costosi, sia che riproduca, con il suo volume, l'illusione dell'abbondanza. La crescita lussureggiante del frutto in qualsiasi terreno, in mille forme, ha indotto poi un consumo particolareggiato, minuzioso, attento alle metamorfosi. Con la zucca, presente nel **Ritratto di Rodolfo II come Vertumno** di Giuseppe Arcimboldo, si possono immaginare confezioni strane, combinate in modo semplice e sorprendente. Le cime e gli zucchettini teneri, per l'insalata, le scorze in composta, i fiori ripieni, infarinati, avvolti nella pastella, quindi fritti, per non parlare dei semi, sono entrati a far parte della medesima commedia gastronomica. Nati dall'osservazione attenta e dalla curiosità, hanno acquistato favore non tanto per il loro potere nutritivo ma per un gioco alimentare. Da questo gioco alla farmacopea rustica il passo è breve. Gli stessi semi depurano le reni, ed i fiori infusi in olio *"per un estate al Sole"*, servono a rinfrescarle[10].

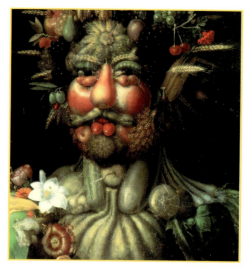

Arcimboldo, Ritratto di Rodolfo II come Vertumno, Vienna 1590 circa

Dopo il trionfo rinascimentale e barocco, con qualche flessione di tono, ed uno smorzato interesse per le illusioni sceniche, continua ad essere presente anche a corte. La accetta a Napoli il Corrado, nel 1773; continuerà a proporla il Vialardi al servizio di Carlo Alberto e di Vittorio Emanuele II, in un **Trattato** del 1853. Ci si chiede dunque da quale avverso destino la cucurbita universale sia stata travolta in tempi più vicini a noi. La cercheremmo invano nel **Guide culinaire** di Auguste Escoffier, bibbia delle brigate del mondo intiero, e modello, dal 1903, dei ricettari professionali italiani. Quattro ricette le concede Mario Borrini[11], e una zuppa casalinga **Il Carnacina**. La sua rarefazione, annunciata sul versante domestico dall'Artusi con la menzione di una minestra e di una torta nel 1891[12], è la spia di un conflitto fra la tavola alta, la cucina urbana e la mensa rurale, fra la ricerca praticata nei grandi alberghi, il costume

---

10 Vincenzo Tanara, op. cit., p.259
11 Mario Borrini, *La cucina pratica professionale*, Novara, Borrini, 1960, p 484
12 Pellegrino Artusi, *La scienza in cucina*, Torino, Einaudi, 1970, p.563

cittadino, ispirato dai mercati ma sempre più pigro, e la tradizione dalle antiche radici, vicina all'orto, ispirata dall'orto. Senza il miracolo visibile della sua strisciante crescita, il frutto appare privo di interesse, e non sono certo i soufflés e i gratin, i bodini e i bigné a favorirlo; viene soppiantato, per affinità, dallo zucchino e, per consistenza, dalla patata, il nuovo, grande amore delle massaie e degli chefs. Uno spicchio, o poco più, tanto basterà per la minestra.

La controtendenza, è egualmente sotto gli occhi di tutti. Così come la cucina francese internazionale ha bandito le zucche, il recupero delle ricette regionali, le ha restaurate. Mentre l'industria si è consacrata allo studio della patata, ricavandone puree istantanee e bastoncini surgelati, la parte più antica dell'orto è sfuggita alla morsa del freddo e della scatola. Con il ricambio continuo di legumi e frutti, esotici e nostrani, con la ricerca cromatica e sensoriale, le cucurbitacee riappaiono nuove e d'antichissima genealogia. La rarefazione fornisce loro un buon quarto di nobiltà; la cucina nuova e curiosa, di cui abbiamo qui raccolte alcune prove, gli altri tre quarti. Le risorse vegetali fanno parte di una storia umana in cui antico, vecchio e moderno sono valori molto relativi: gli Stati Uniti, cui l'Europa imputa le proprie crisi gastronomiche, hanno avuto nel "pumpkin pie", un simbolo festoso e popolare. Non è quindi escluso che dalla terra di Folengo e dello Stefani, da Mantova e dalla pianura fino alle coste lontane della Puglia, rinasca aristocratica e sorprendente la zucca, simbolo di inesauribile maestria e prodigio di memoria rustica. Se la sua crescita in tavola sarà veloce quanto quella nei campi, non mangeremo altro.

Pietro Andrea Mattioli.
Commentarii in sex libros
Pedacii Dioscoridis Anazarbeis de Medica Materia

La zucca da conoscere

di Daniela Garavini

Il nome e l'origine

Scientifico e botanico:	*Cucurbita Maxima, Cucurbita Moschata, Cucurbita pepo, Lagenaria vulgaris*
Italiano:	*zucca*
Francese:	*courge, potiron*
Inglese:	*pumpkin*
Spagnolo:	*calabaça*
Portoghese:	*aboboreira, cabaça*
Ungherese:	*tök, förötök*
Tedesco:	*kürbis*
Russo:	*тыква*

Da dove viene la parola "zucca"? Etimologia incerta sostiene il dizionario Zingarelli che propone un percorso che da "cocuzza" (termine derivato dal tardo latino *cocutia* con il significato di "testa") passa per "cozucca" per approdare infine a zucca. Del resto in tutto il sud Italia la zucca è ancora "cocuzza" o "cucuzza", mentre nel nord è "suca" (con la u dolce o dura a seconda della regione).

Da dove viene invece l'ortaggio in quanto tale? Presente in tutto il mondo con una grande varietà, è nota e usata nella cucina dell'Antica Roma, la zucca gialla d'inverno che oggi più apprezziamo è originaria dell'America tropicale, in Europa e in Italia arriva quindi nel sedicesimo secolo. La prima a diffondersi in Europa è la *Cucurbita Pepo* (prima del 1542); segue a ruota la *Cucurbita maxima* (prima del 1544) e infine la *Cucurbita Moschata* (prima del 1591). I primi a descriverle sono Pierandrea Mattioli nel 1544 e Gherardo Cibo intorno al 1550. A testimo-

niare della loro coltivazione in Italia è anche l'agronomo bresciano Agostino Gallo che cita tre varietà presenti in Italia (la "zucca bianca", la "zucca marina" e la "zucca turca"). Sempre nel Cinquecento parlano di zucca genericamente intesa il cuoco ferrarese Cristoforo di Messisbugo (di cui troverete una descrizione dell'ortaggio e una ricetta a pagina 27) e il medico e naturalista marchigiano Costanzo Felici.

La coltivazione

"Poni la zucca in aprile, ti verrà grossa come un barile." L'indicazione di questo proverbio contadino è ancora del tutto valida, almeno nell'Italia centro-settentrionale. La zucca infatti teme le gelate e una semina troppo precoce (la zucca è pianta annuale e va quindi seminata ogni anno) farebbe correre questo rischio. Non così nelle regioni del sud dove il clima è più clemente.

A circa un mese dalla semina la pianta fiorisce; è la volta prima dei fiori maschili poi di quelli femminili, una minoranza dei quali saranno fecondati e si trasformeranno in frutti.

Le zucche gialle si raccolgono a maturazione completa, la quale a seconda delle varietà e della latitudine avviene in estate o all'inizio dell'autunno. In Italia è coltivata soprattutto in Lombardia, Emilia Romagna e Veneto (nella fascia di pianura sulle due sponde del Po), in Campania e in Puglia. Si tratta però di una coltivazione che negli ultimi vent'anni è molto calata. A fronte dei 92.000 quintali prodotti nel 1994, nel 1987 erano 264.000 e nel 1976 581.000 (dati ISMEA). Insomma oggi si producono e si consumano poco meno di un sesto delle zucche che si producevano meno di vent'anni fa.

La zucca, come i legumi (altro alimento in netto calo di produzione e consumi), sembrerebbe proprio un'altra vittima sacrificata al cambiamento degli stili di vita.

Un ortaggio generoso

Ciò che ha fatto la fortuna della zucca nell'ambiente rurale fino a non molti decenni fa, erano un complesso di fattori. Al primo posto c'è sicuramente la sua generosità alimentare: come si vedrà, anche nelle ricette, della zucca si può mangiare tutto e le varietà non gradite agli uomini possono sempre andar bene per le bestie. A questo vanno aggiunte la rusticità della pianta e la sua semplicissima coltivazione anche in terreni poco fertili e marginali

o non irrigabili; anzi l'eccesso di fertilizzazione o di acqua fanno addirittura male alla pianta, che non teme nemmeno troppo le infestazioni di insetti o le malattie. Insomma basta seminarla in epoche al riparo dalle gelate, poi ci pensa lei a venir su.
Inoltre, da non sottovalutare in ambienti di pianura coltivati intensivamente, c'è la sua capacità di dare ombra nei mesi più caldi dell'anno. Basta infatti far crescere la zucca su pali appositamente messi perché rapidamente la pianta si copra di foglie e crei una loggia (o lobbia, come si dice nella bassa padana) dove ripararsi dal sole a picco, tenere gli attrezzi o gli animali. E quando cominciano a formarsi, i frutti vengono sostenuti da una specie di mensola sorretta da un paletto piantato in terra.
Infine occorre ricordare la grande conservabilità della zucca che, raccolta alla fine dell'estate inizio dell'autunno, rimane perfettamente commestibile e buona fino alla primavera successiva. Unica avvertenza: conservarla al riparo dal freddo. Così in pianura padana i contadini le tenevano in camera, sotto il letto o sopra il comodino.

I "moderni" pregi delle zucche

I tempi sono cambiati e quelle che una volta erano caratteristiche che rendevano la zucca un ortaggio utile e vantaggioso, adesso non appaiono più così appetibili. Forse per rendere più desiderabile la zucca, occorre mettere in rilievo altre sue caratteristiche, alcune delle quali sono diretta conseguenza di quanto detto prima.
È particolarmente sana: poiché come si è visto, non ama terreni troppo fertili, non incorre come molti altri ortaggi nel rischio di accumulo di nitrati e poiché è pianta resistente alle infestazioni di parassiti, non è quasi sottoposta a trattamenti con fitofarmaci.

Anche per conservarsi non ha bisogno di trattamenti specifici, basta un magazzino a temperatura superiore agli 8°C.
È uno dei pochi alimenti con una stagionalità ben riconoscibile, non viene infatti coltivata in serra. Al massimo vengono selezionate varietà precoci che si seminano prima e quindi arrivano prima sul mercato, oppure le varietà tradizionali vengono sottoposte a "forzatura", vale a dire seminate anche un mese prima del tempo, coperte con protezioni plastiche perché non gelino, in modo da ottenere una primizia.
È un alimento con poche calorie, ma ad alto potere saziante. Ideale perciò per chi vuole dimagrire.
È ricca di vitamine, in particolare betacarotene, e altre sostanze ad azione antiossidante (quindi anche anti-invecchiamento) e anti-tumorale.
Pur prestandosi a ricette più o meno elaborate può anche essere cucinata rapidamente.

La pianta della zucca

La pianta della zucca ha **fusto** angolare ricoperto in genere di peli ruvidi, sdraiato, le **foglie** sono grandi, di forma palmato-lobata con margine irregolarmente dentellato sostenute da un lungo **picciolo** anch'esso ricoperto di peli ruvidi. Accanto alla base delle foglie vi sono dei **viticci** che consentono alla pianta di arrampicarsi, quando trova qualche sostegno adatto, altrimenti il suo andamento è strisciante. I **fiori** presentano una corolla ben sviluppata di forma semitubolare e sono di colore arancio. Il **frutto** è un peponide o bacca che a maturazione ha una polpa di colore giallo, che può andare dalle tonalità chiare fino a un giallo arancio carico; al centro del frutto in una cavità sono racchiusi i **semi**, piatti, ovali, di colore bianco. Si tratta di una specie con una storia agricola lunghissima e presenta moltissime varietà, che si possono distinguere per la forma, il colore e l'aspetto della buccia e della polpa. Oltrettutto si tratta di una specie molto facile da ibridare, ottenendo così infinite varianti sul tema. Non ci si stupirà così che la nomenclatura della zucca sia spesso contraddittoria, sia per quanto riguarda il nome scientifico che quello, diciamo così, comune.

In genere con il nome di *Cucurbita maxima* si indicano le zucche gialle di forma tendenzialmente tondeggiante, mentre *Cucurbita Pepo* designa le zucchine (con polpa di colore bianco verdognolo e che si raccolgono e si consumano ancora acerbe). Vi sono poi le *Cucurbita Moschata* zucche gialle di forma tendenzialmente allungata. Quest'ultima specie o una forma molto simile, sarebbe secondo gli studiosi di paleobotanica, il "tipo primitivo" di zucca, da cui tutte le altre sono poi derivate.

Per terminare il quadro occorre ricordare la *Lagenaria* o zucca a fiasco, usata da sempre e soprattutto come contenitore (dopo averla svuotata ed essiccata) anche di liquidi, ma di cui alcune

La zucca da conoscere

varietà sono commestibili purché raccolte prima della maturazione completa e che era la zucca che si mangiava prima dell'arrivo della cucurbitacea americana.

Una Babele di Zucche

Le varietà della specie *Cucurbita maxima* danno frutti molto grossi (talvolta del peso di diverse decine di chili), di forma globosa, schiacciata ai poli oppure allungata, la superficie esterna può essere liscia, costoluta oppure bitorzoluta; la buccia può essere di colore verde scuro, giallo, arancione, o anche grigiastra, e bicolore. La polpa è di consistenza soda, pastosa, in genere non fibrosa e di colore che dal giallo può andare all'arancione. Le varietà della specie *Cucurbita Moschata* sono di forma generalmente allungata quando non addirittura torta, buccia liscia di colore dal giallo al verde marezzato, polpa di colore dal giallo all'arancione pieno, di consistenza pastosa.

Alla specie *Cucurbita Pepo* appartengono soprattutto le numerose varietà di zucchine, la cui trattazione esula da questo libro.

Vi sono però anche alcune zucche d'inverno appartenenti a questa specie.

Le varietà della specie *Lagenaria* (di origine asiatica e africana) hanno soprattutto valore ornamentale, ma anche valore d'uso essendo state utilizzate nei secoli essiccate e svuotate come contenitori anche di liquidi. Certamente ad esse si devono le forme di fiaschi e bottiglie!

Le varietà più diffuse

Marina di Chioggia (*C. Maxima*): di forma globosa, schiacciata ai poli, con buccia in genere di colore verde, costoluta e bitorzoluta, polpa giallo arancione. Si tratta di una zucca molto pregiata dal punto di vista culinario.

Piacentina (*C. Maxima*): di forma globosa, schiacciata ai poli, buccia che può essere da verde a grigia, in genere costoluta e bitorzoluta. Ha polpa di colore giallo arancione, di consistenza soda e farinosa, scarsamente fibrosa. Molto pregiata dal punto di vista culinario.

Mantovana (*C. Maxima*): di aspetto simile alle precedenti e cioè schiacciata ai poli, ha buccia molto rugosa e costoluta di colore che va dal verde al grigio. Polpa di colore arancio, pastosa e di sapore dolce. È di grande pregio.

Mammouth (*C. Maxima*): di forma più sferica delle precedenti, ha buccia di colore arancione e polpa gialla. La sua particolarità, come dice il nome, è di poter raggiungere dimensioni gigantesche con pesi anche superiori al quintale. È di scarso pregio culinario.

Turbante (*C. Maxima*): chiamata anche "cappello del prete" o "turca", ha una forma molto particolare con la calotta inferiore più piccola di quella superiore e spesso anche di colore diverso. Ha valore soprattutto ornamentale, ma è anche buona da mangiare.

Ungherese (*C. Moschata*): di forma allungata con buccia che dal colore arancione o beige può virare verso il viola, ha polpa di colore giallo. Di buon pregio culinario.

Violina (*C. Moschata*): frutto di colore beige con buccia liscia e forma a violino, ha polpa priva di fibrosità di buon sapore. Assai simile è la Cultivar Butternut.

Chioggia (*C. Moschata*): in tutto il Veneto viene chiamata "suca baruca" dove baruca significherebbe verruca e indicherebbe l'aspetto bitorzoluto della buccia. È interessante però segnalare un'altra etimologia della parola "baruca": dall'ebraico "baruch" = santo, benedetto. Richiamerebbe in questo caso l'altro nome con cui questa zucca è nota, quello di "zucca santa" e testimonierebbe anche dell'influenza ebraica nella lingua e nell'alimentazione di queste zone.

Piena di Napoli (*C. Moschata*): di forma cilindrica (può raggiungere anche un metro di lunghezza), buccia liscia di colore verde scuro oppure arancione, ha polpa arancione con fibrosità longitudinali. Di buon pregio dal punto di vista culinario.

A tromboncino o d'Albenga (*C. Moschata*): a differenza delle altre si raccoglie ancora immatura in estate, presenta perciò frutti più somiglianti alle zucchine anche se di dimensioni maggiori e con buccia molto più consistente. La polpa è biancastra, tenera e gustosa.

Lagenaria (*Lagenaria leucanthera*): per essere commestibile va raccolta abbastanza precocemente quando il frutto non supera i 25 cm.

Bianca o Benincasa (*C. Pepo*): di origine asiatica il frutto è setoloso da immaturo, liscio e ceroso a maturazione avvenuta. Ha

CURIOSITÀ

La zucca **Vegetable spaghetti**, di gran voga oltre Atlantico per la sua leggerezza, si presenta all'interno come un ammasso di "spaghetti" appunto che possono essere consumati, previa lessatura (il frutto maturo deve bollire per 40 minuti), sia come verdura che come "pasta" da condire a piacere. Sul mercato sono disponibili i semi e solo talvolta come curiosità è possibile incontrare i frutti.

forma cilindrica o globosa, polpa farinosa e biancastra e si raccoglie precocemente.

Le qualità nutritive

Lo scarso contenuto calorico (17 calorie per 100 g), unito alla presenza di fibra e all'alto potere saziante, rende la zucca un alimento ideale per chi desidera dimagrire.

Da segnalare poi l'elevato tenore in vitamina A (sotto forma di betacarotene) e in potassio.

Quanto alla prima, la zucca gialla è una delle fonti naturali più ricche di vitamina A: sono sufficienti poco più di 200 g di polpa per coprire il fabbisogno medio giornaliero, secondo i LARN (livelli di assunzione raccomandata di nutrienti) messi a punto dall'Istituto Nazionale della Nutrizione.

Il ruolo che la vitamina A svolge nell'organismo umano è molteplice: contribuisce alla formazione di tutti i tessuti epiteliali (pelle e mucose) e interviene più in generale nel rinnovamento cellulare. Poiché è un potente antiossidante inibisce la formazione di radicali liberi, combattendo così l'inquinamento cellulare, l'invecchiamento precoce e la degenerazione dei tessuti. Per questi stessi motivi ha un ruolo preventivo anti-cancerogeno.

È basilare perciò che nell'alimentazione quotidiana siano sempre presenti cibi fonte di vitamina A e in particolare alimenti vegetali: i più ricchi di vitamina A sono gli ortaggi e la frutta di colore arancione, come carote o albicocche e gli ortaggi a foglia verde scuro (broccoli, spinaci, bietole, ecc). Nella stagione autunnale e invernale la zucca può adempiere pienamente a questo compito. Dopo le patate, la zucca gialla è uno degli alimenti più ricchi di potassio, minerale che nell'organismo è indispensabile per la sintesi di alcuni enzimi, per la trasmissione degli impulsi nervosi, e per la regolazione (insieme al sodio) dell'equilibrio idrico cellulare.

Ottime qualità nutritive ha anche il seme di zucca che contiene il 18,7% di proteine, 50,5% di grassi e 24% di carboidrati, 5,6% di fibra grezza. Inoltre ha un discreto contenuto in ferro, zinco, fosforo e vitamine.

Le qualità terapeutiche

Rinfrescante, emolliente, lassativa, diuretica, ma anche sedativa, antinfettiva e ricostituente: le virtù attribuite alla zucca sono, come si vede, moltissime, ma non si fermano qui. Se infatti storicamente la zucca è stata utilizzata per curare stipsi e malattie renali, cardiache e intestinali, oggi le viene attribuita anche un'azione protettrice nei confronti del cancro. Ciò è dovuto probabilmente alla elevata presenza di carotenoidi nella sua polpa.

Composizione chimica media della zucca gialla
(per 100 g di parte edibile)

ACQUA	PROTEINE	LIPIDI	GLICIDI	FIBRA
(g)	(g)	(g)	(g)	(g)
94,60	1,10	0,10	2,7	0,8
CALCIO	FOSFORO	FERRO	SODIO	POTASSIO
(mg)	(mg)	(mg)	(mg)	(mg)
30	40	0,7	7	350
VIT. B1	VIT. B2	VIT. PP	VIT. A	VIT. C
(mg)	(mg)	(mg)	(mcg)	(mg)
0,03	0,06	1,82	280	13

calorie 17 per 100 g

L'uso terapeutico più accertato è stato quello nei confronti delle infezioni acute del canale digerente, come enteriti, dissenteria e febbre tifoidea. Si dice per altro che a Mantova durante l'epidemia di colera di inizio secolo, molti abbiano dato credito alla tradizione popolare che prescriveva diete e decotti di polpa di zucca. Molto probabilmente ad aiutare in questi casi è la buona concentrazione di potassio (ma anche di magnesio) che aiuta a remineralizzare rapidamente un organismo debilitato e disidratato, oltre alla presenza di mucillagini e sostanze pectiche con effetti emollienti sul canale digerente.

Anche la medicina tradizionale cinese fa uso di zucca (soprattutto C. Moschata) cui riconosce effetti diuretici, disintossicanti, anti-edematosi, ma anche calmanti della tosse e dell'asma bronchiale.

Il principale impiego terapeutico dei semi di zucca è invece come vermifugo, soprattutto contro la tenia. L'azione è dovuta a un aminoacido, la cucurbitina, che paralizza il verme e ne provoca il distacco dalla parete intestinale. Il vantaggio del seme di zucca rispetto ad altri tennifughi più potenti, è la sua assoluta innocuità, tanto che lo si può somministrare senza timore ai bambini fino a quando non si è raggiunto l'effetto desiderato.

La tradizione popolare attribuisce ai semi di zucca anche un'altra virtù, assai più ricercata tra gli adulti, ma molto meno verificabile, soggetta com'è alle suggestioni individuali: quella di essere un potente afrodisiaco.

Si mangia tutto

La zucca ha una particolarità che condivide con pochi altri ortaggi. Di essa infatti è possibile mangiare ogni parte della pianta. Sono commestibili infatti le **foglie** e i **getti** più teneri della pianta, cucinati in frittata o in minestra.

Sono assai più che commestibili i **fiori**, sia quelli maschili che quelli femminili, anche se questi ultimi sono più grossi. Il fiore di zucca si distingue da quello dello zucchino perché cresce su uno stelo. Ottimi fritti, possono essere riempiti con un pezzetto di acciuga dissalata, un pezzetto di mozzarella, o di un impasto più consistente, ma sempre passati nella pastella prima di friggerli nell'olio bollente. Si possono mangiare anche in un'insalata o aggiunti a fine cottura in un risotto o in una minestra di verdure. L'importante è in ogni caso che siano freschissimi, senza segni di avvizzimento. Si mangia ovviamente la **polpa**, nei modi più svariati come le ricette di questo libro dimostrano. I **semi**, abbrustoliti e leggermente salati erano una volta un rompidi-

giuno diffusissimo. Noti soprattutto con il nome di bruscolini erano il tipico passatempo da cinema o da circo. Oggi l'uso si è perduto in favore di altri prodotti più ricchi. Ma qualche volta non vi mangereste qualche bruscolino invece dei popcorn? Infine, è possibile anche mangiare la **buccia**.

Nel libro troverete una ricetta di Nizzoli per utilizzarla e una ricetta storica non troppo dissimile: scorza marinata. Ma nell'Italia meridionale e in particolare in Calabria, la scorza della zucca, o meglio la parte bianca di essa, così come quella di meloni e anguria, veniva tagliata a striscioline ed essiccata al sole d'estate, appesa a una corda davanti alla finestra. Nei giorni in cui non c'era altro alimento si faceva rinvenire in acqua, poi si lessava in acqua salata, si cospargeva di farina e si friggeva. Testimonianza di tempi assai magri, l'uso di essiccare le bucce di zucche e meloni si è perduto, ed anche mangiarle marinate è ormai solo più una curiosità gastronomica. Dà la misura però, di quanto la zucca ben si prestasse all'arte di non buttare via nulla, che contraddistingue, da sempre, la civiltà contadina. Solo il picciolo rimane, ma brucia bene nel camino!

Acquistare la zucca

Le prime zucche arrivano sul mercato in giugno. Sono delle varietà precoci, che presentano frutti tondeggianti di medie dimensioni polpa gialla, dolce e profumata.

Sono estive (pronte in luglio) anche tutte le zucche che si coltivano in Italia meridionale, in particolare in Campania e in Puglia: la varietà più nota è quella che si chiama appunto di Napoli.

Le sue grandi dimensioni (può essere lunga anche un metro!) sconsigliano l'acquisto di una zucca intera. L'acquisterete perciò a fette, meglio se tagliate al momento. Al supermercato si può invece verificare la data di confezionamento.

Osservate, anche nelle fette già tagliate, che la buccia sia integra e ben soda, senza marciumi e che i semi non siano anneriti.

Verso la fine dell'estate arrivano sul mercato le zucche tipiche del Nord Italia la Marina di Chioggia e la Piacentina. Si possono acquistare intere (hanno pesi medi tra i 3 e i 5 kg), oppure a pezzi. Se le prendete intere osservate che la buccia sia integra, soda, senza punti molli o marciumi. Se le prendete tagliata, osservate che la polpa sia bella soda e farinosa. Lo spessore della polpa è segno anche di buona qualità della zucca.

Il colore deve essere dal giallo carico all'arancio. Diffidate dalle zucche la cui polpa presenta sfumature verdognole. Se siete in confidenza con il negoziante chiedetegli di assaggiarne una fettina: le zucche buone sono buone anche da crude!

Operazioni base

Per semplificare, dal punto di vista gastronomico si possono individuare due grandi tipologie di zucche: una a polpa soda, compatta, di sapore decisamente zuccherino, l'altra con polpa più fibrosa e più ricca d'acqua. La prima di cui il tipo più noto è la zucca marina, così come la zucca piacentina, si presta bene per la preparazione di purè, ripieni, per essere fritta così com'è esat-

PICCOLI ACCORGIMENTI

🍂 Tagliare una zucca intera con il coltello è un'impresa piuttosto ardua. Il modo migliore per aprirla è farla cadere per terra (in cortile però, non sul pavimento della cucina!): si spaccherà in due.

🍂 Se la ricetta che volete eseguire richiede di usare la polpa passata, ricordate che si fa molto prima a togliere la buccia alla zucca già cotta.

🍂 Se invece la preparazione richiede di tagliare la polpa a cubetti, sarà giocoforza sbucciare la zucca da cruda. Per semplificare l'operazione, tagliate la zucca in fette non troppo spesse, appoggiatele di piatto sul tagliere e tagliate via la buccia, muovendo il coltello verso il basso.

🍂 Per eliminare l'eccessiva acquosità di alcuni tipi di zucca (in particolare quelle di Napoli, Ungherese e in genere quelle di forma allungata), potete mettere le fette di zucca a bagno in acqua salata e dopo un paio d'ore asciugarle bene.

tamente come si fa con le patate. La seconda, di cui il tipo più rappresentativo è la zucca piena di Napoli, è più buona in minestre, salse composite, marinature.

Moltissime preparazioni con la zucca richiedono una preliminare cottura e in genere si ricorre a uno dei quattro metodi che seguono. Con la polpa cotta e frullata o passata si avrà poi la base per semplici purè oppure ripieni di tortelli o di torte salate, gnocchi, soufflé, sformati torte dolci, ecc.

Bollitura

Tagliata a pezzi di dimensioni regolari va immersa nell'acqua già bollente (e salata) controllando la cottura perché non si disfi troppo. L'acqua di cottura ricca di sali minerali può essere utilizzata per minestre e zuppe.

CONSERVAZIONE

- Le zucche intere si conservano per mesi, purché in ambiente con temperature che non scendano sotto i 6-8 gradi. Una gelata le farebbe marcire.
- Le zucche a fette vanno invece consumate nel giro di qualche giorno (3-4). Conservatele in frigorifero, nello scomparto delle verdure. Se non le mettete in frigo, tenetele comunque al buio. La vitamina A di cui la zucca è particolarmente ricca si degrada infatti alla luce.
- La polpa di zucca già cotta (al forno o a vapore) può essere conservata in freezer e servire come base per ulteriori preparazioni (purè, torte dolci o salate, ripieni, ecc.). Questo vale in particolare per le zucche a polpa soda e farinosa.

A vapore

Questa forma di cottura è da preferire alla bollitura in particolare se non avete modo di riciclare l'acqua di cottura. Ponete i pezzi di zucca tagliati regolarmente in un cestello per la cottura a vapore in modo che non siano a contatto con l'acqua. Cominciate la cottura quando già il liquido già bolle e chiudete bene la pentola.

Al forno

Si può cuocere intera, dimensioni permettendo. In questo caso eliminate il picciolo e fatela cuocere rovesciata mettendo sul fondo del forno un foglio d'alluminio che raccolga gli umori che fuoriescono dalla zucca. Cotta in questo modo, la polpa rimane asciutta. È possibile anche cuocerla a fette, proteggendola con un foglio di alluminio perché non si secchi in superficie. La zucca al forno può servire come base per successive elaborazioni, oppure può essere mangiata appena cotta, condita con un po' di burro fresco o un filo di olio e un pizzico di sale.

A microonde

È preferibile cuocerla a fette, coprendole non con carta d'alluminio ma con una pellicola. È il tipo di cottura se non volete che asciughi troppo.

Fritta

La zucca a polpa soda e farinosa può essere tagliata a fettine sottili e fritta direttamente nell'olio bollente, esattamente come si fa con le patate. L'altro tipo di zucca va invece asciugata bene e infarinata o immersa in una pastella perché altrimenti rischia di disfarsi. Nulla vieta comunque di infarinare e passare nella pastella anche l'altra zucca.

Stufata

La cottura prolungata a pentola coperta tende a disfare la zucca, ma se ne può ricavare una buona salsa per condire pasta, riso o altri cereali.

Alla brace

Tagliate la zucca a fette regolari e cuocetela rapidamente da una parte e dall'altra e poi conditela con olio, sale e un goccio di aceto aromatico.

Tra le spezie e le erbe aromatiche con cui si accompagna meglio la zucca segnaliamo:

Pepe, Noce moscata, Rosmarino, Salvia, Alloro

In alcuni casi:

Maggiorana, Origano, Timo, Basilico, Peperoncino

In ricette dolci:

Cannella, Garofano, Anice stellato, Zenzero

La zucca in cucina da Platina ad Artusi

PLATINA
(BARTOLOMEO SACCHI)
De la honesta voluptate et valitudine
VENEZIA:
G. DE SANTIS E CORNELIO, 1487

La zucca.
Per lo più la zucca è panciuta, meno spesso ha forma di serpente. Nasce in terreni umidi e se ne sta sospesa liberamente in alto. Dicono che qualche zucca sia arrivata a misurare nove piedi in lunghezza. I medici dell'antichità affermavano che la zucca è acqua congelata: la sua natura infatti è fredda e umida. Usata come alimento, la zucca dilata lo stomaco, toglie la sete, nuoce all'intestino. Quelle di forma allungata sono meno nocive. I contadini svuotano e fanno seccare al fumo quelle molto grosse e poi le adoperano per conservarvi i semi degli ortaggi. Inoltre, quando le zucche sono ancora tenere, le sbucciano, le tagliano in fette a guisa di serpente e le fanno essiccare per usarle come alimento durante l'inverno.

Zucca fritta.
Sbuccia la zucca e poi tagliala per traverso in fette sottili. Falle bollire per un momento e togliendole dal tegame mettile sopra un tagliere, dove le lascerai fino a quando si saranno un po' asciugate. Avvolgile in farina bianca e sale, e falle friggere in olio. Poi mettile nei piatti e versavi sopra una salsa fatta con aglio, finocchio e mollica di pane grattato, fatto macerare in agresto, in misura tale che la salsa riesca più liquida che densa. Sarebbe bene farla passare per un staccio. C'è chi la prepara soltanto con agresto e fiore di finocchio. Se la preferisci gialla aggiungi zafferano.

Minestra di zucca.
Fa cuocere in brodo oppure in acqua una zucca tagliata a fette con un po' di cipolla. Poi scolala attraverso un mestolo forato e falla bollire in una olla che contenga brodo grasso, un po' di agresto e zafferano. Quando ha bollito per un po', toglila dal fuoco, falla raffreddare e aggiungivi due tuorli d'uovo sbattuti con poco formaggio stagionato e grattugiato, continuando a mescolare con un cucchiaio perché i grumi non guastino la cottura. Versa nelle scodelle e spargivi sopra spezie in polvere.

Zucca al latte.
Fa cuocere la zucca a lesso, poi scolala per bene attraverso un setaccio o un mestolo forato e falla bollire in una pentola con dentro latte di mandorle o latte di capra. Metti anche agresto oppure zucchero, a seconda del gusto dei convitati.

Zucca alla catalana.
Lava per bene la zucca e poi mettila al fuoco in un tegame nel quale avrai posto del lardo. Lasciala quattro ore all'incirca sulle bracie, mescolando spesso con un cucchiaio mentre bolle. Entro lo stesso recipiente aggiungi inoltre brodo grasso colorato con zafferano e condito con zucchero e spezie. C'è chi vi aggiunge, opportunamente, anche due uova sbattute insieme con agresto e formaggio grattugiato, come ho detto più sopra a proposito della zucca.

Torta di zucca.
Lava bene la zucca e tritala come fai col formaggio; poi mettila a bollire per un po' in brodo grasso o nel latte. A mezza cottura passala per lo staccio e aggiungivi la stessa quantità di cacio indicata nelle ricette precedenti, (1 libra e mezza *ndr*) mezza libbra di addome di maiale o di mammella molto grassa, lessata e pestata con il coltello, o in luogo di queste cose, se torna gradito, altrettanto strutto o burro, mezza libbra di zucchero, un

po' di zenzero, un tantino di zafferano, sei uova, due tazze di latte. Mescola per bene il tutto e versalo in una casseruola di coccio foderata con una sfoglia e fallo cuocere a fuoco lento, sopra e sotto. C'è che mette pezzetti di sfoglia al di sopra e li chiama lasagne. A cottura ultimata, trasferiscilo in un piatto e spargivi sopra zucchero e acqua di rose. Si guardi bene dal mangiare questa torta Cassio, il quale soffre di calcoli e di coliche. In effetti è pesante da digerire e nutre male. ◆◆

BARTOLOMEO SCAPPI
Opera di B. Scappi, cuoco secreto di Papa Pio V
VENEZIA: M. TRAMEZZINO, 1570.

Per far minestra di zucche, e cipolle in diversi modi dal vulgo detta carabazzata.

Si metterà la zucca, et la cipolla et si perlesserà bene con acqua di modo che la cipolla, la qual'è molto più dura, sia ben cotta et cavinosi dall'acqua, et ponganosi in setaccio, et lascinosi tolare, et habbiasi cascio Parmeggiano grattato, et provature fresche, et pestisi ogni cosa nel mortaro, e stemprisi con brodo freddo et passinosi per lo staccio, e ponganosi in in una cazzola, over bastardella dove sia strutto liquefatto con le zucche, e le cipolle, facendo bollire ogni cosa pian piano su le braggie, e rompendo le dette zucche, e cipolle con un cocchiaro di legno, et mescolando di continuo, con aggiungervi una cocchiara di brodo grassissimo over butirro fresco, e zuccaro fino, et quando sarà cotta in modo che sia piuttosto soda che liquida, servasi così calda con zuccaro sopra, e sbruffata di acqua di rose. Si potrebbe anco fare in un'altro modo, cioè dapoi che saranno più di mezze cotte nel brodo di carne, ove sia prosciutto o ventresca di porco salata, cavarle e batterle con li coltelli sopra una tavola, che non sia di noce, et soffriggerle nella padella con lo strutto, over con lardo liquefatto, rompendole con un cochiaro di legno, et soffritte che saranno ponerle in una bastardella con brodo grasso, et dapoi haver rossi d'uovi battuti con agresto chiaro, et mescolati con pepe, cannella, zuccaro, et zafferano, et ponere ogni cosa insieme nella bastardella, e far loro levare il bollo mescolando di continuo con il cocchiaro, e si serviranno con zuccaro, et cannella sopra. Si può anche fare in un altro modo, cioè dapoi che son ben soffritte, farle finir di cuocere con tanto latte di capra, di vacca, che stiano coperte, e con zuccaro.

Per far diverse minestre di zucche Turchesche.

Piglisi la zuca Turchesca nella sua stagione, laqual comincia dal mese di ottobre e dura per tutto Aprile, e netta che sarà della scorza, e degli interiori taglisi in pezzi e facciasi perlessare, e perlessata che sarà battasi con li coltelli, e facciasi cuocere in buon brodo di carne, e maritisi con cascio grattato, e uove sbattute, e si potrà anco accomodare con le cipolle nel modo che si accomoda la nostrale sudetta. Avvertendo che se la zucca sarà soda, sarà molto migliore, e per conservarla ha da stare in loco asciutto e arioso, e non ha da essere busciata in loco alcuno, percioche l'aria la farebbe putrefare, in questo modo le si potrà fare scorze secche delle zucche savonese dopo che saranno perlessate in acqua calda, e state in ammollo in acqua fredda.

Per alessare, e cuocere in forno le soprascritte zucche intiere piene di diverse compositioni.

Volendo alessare le sudette zucche, nettinosi con diligenza delle loro scorze havendo avvertenza di non romperle, e facciavisi un buco tondo nella parte del fiore, o del pedone et conservisi quel ruotoletto che si leva, e con ferri roncigliati che taglino cavinose destramente gl'interiori et come sarà netta empiasi d'una compositione fatta di carne magra di vitella, ò di porco battuta con altretanto lardo, e presciutto, e giunganisi cascio, rossi d'uova, uva passa, spetierie communi e zafferano, e habbianosi polastrelli, ò piccioni picciolini senza osso ripieni et ponganosi nella zucca con essa compositione e come sarà piena, turasi il buco e pongasi essa zucca in un vaso proportionato di modo che non possa muoversi, con tanto brodo che stia più di mezza coperta con presciuto tagliato in fette, ò ventresca di porco salata. Il che si fa acciochè la zucca pigli il sapore, e non sia insipida, e con esso brodo pongasi pepe, cannella e zafferano, e facciasi cuocer su le bragie tenendo il vaso turato che non possa fiatare, e quando haverà bollito per un pezzo, fin'a tanto che la compositione sia presa, giungavisi più brodo, facendola finir di cuocere e, quando sarà cotta, colisi il brodo con il proprio vaso, e facciasi andar con destrezza la zucca in un piatto grande, servendola così calda con il presciuto ò ventresca intorno. Si potrebbe anche empire la detta zucca con latte, uova sbattute, zuccaro e presciutto vergellato tragliato a dadi. Si potrebbe anche fare in un altro modo, cioè fatto che sarà il buco senza esser netta della scorza cavinosigli l'interiori e con destrezza circondisi la zucca di dentro si nel fondo come nelle sponde con fette di presciutto vergellato e habbianosi cervellate gialle crude tagliate, overo della compositione, e facciasi un suolo nel fondo, e habbianosi piccioni piccioli, polastrelli e quaglie, e altri uccelletti piccioli privi d'interiori, e con l'ossa ammaccati, e spolverizzati di pepe, cannella, garofani e noci moscate, et ponganosi ad uno ad uno nella zucca, accomodandoli con la medesima compositione di cervellate, e nell'ultimo sopra li detti volatili mettasi una fetta di vitella spolverizzata della suddetta spetieria, e essa fetta copra tutta la compositione, turisi poi il buco con quella parte di cocuzza che si è cavata, e circondisi la zucca con fogli di carta e lighisi la bocca con lo spago, e pongasi in forno men caldo che se si volesse cuocere il pane, e mettasi in modo che possa havere lo caldo temperato per tutto e siavi sotto un suolo di rame, o di terra senza sponda. Il che si fa acciocche quando sarà cotta, si possa cavare senza romper la zucca, et quando sarà stata in forno per due hore, e più o meno secondo la grossezza, cavisi e sciolgasi dalla carta, e turisi il buco, e pongasi sopra un'altro coperchio di scorza cruda, la quale habbia attaccate alcune frondi, e servasi calda. In essa zucca si può fare una oglia potrida. ◆◆

CRISTOFORO MESSISBUGO.
Libro novo nel quale s'insegna a far d'ogni sorte di vivanda
VENEZIA, 1571.

A fare torta di zucche fresche.
Pigliarai le zucche avvertendo che non siano amare, e le monderai e gratterai come faresti il formaggio: e poi le porrai a boglire in buono brodo grasso con libbra una di morolla di bue o di grasso di manzo, ma non vuole troppo boglire. E le passerai per la stamegna e porrai in un vaso con libbra una di formaggio duro grattato, e due povine, e uova sei, e un bicchiere di latte, e libbra mezza di zuccaro, e oncia mezza di cannella, e un quarto di pevere, e di gengevro mezzo quarto, e un poco di zaffarano. E mescolerai bene ogni cosa insieme. Poi farai la tua torta, e come sarà fatta la porrai sopra oncie 4 di butiro e la porrai a cuocere; e come sarà quasi cotta, le porrai sopra oncie 3 in 4 di zuccaro, e poi la finirai di cuocere. E i giorni che non sono da carne, farai cuocere le zucche nell'acqua con butiro, ovvero nel latte; e invece della morolla o grasso le porrai butiro. Avvertando che tutte le sopradette torte sono convenienti onestamente per ogni gran Principe, e a conviti, e ad altro; ma per l'ordinario, con poco più della metà della spiziaria si farebbono, e seriano giudicate buone.

A fare composte di scorze di meloni, o scorze di zucche, o rape, ovvero persiche integre e acerbe, da conservare per Quaresima.
Piglia la quantità delle sopradette cose secondo il tuo parere, e mondale e ponele ammoglio nell'aceto con sale per quindeci o venti giorni. Dopoi le cavarai dall'aceto e le ponerai in un vaso con acqua, e gli darai un buon boglio; e poi le caverai e getterai in un'altro vaso d'acqua fresca, e ghe le lasciarai tanto che sian raffreddate. Poi le cavarai di dett'acqua, e le distenderai sopra un'asse, mettendogli dopoi un'altr'asse di sopra con pesi che soppressino; e le lascerai così in soppresso per un giorno. Pigliarai poi un vaso e ghe le metterai dentro con tanta sabba che dette robe stiano coperte, e gli farai fare un buon boglio in detta sabba, di modo però che non si disfacciano. E le ponerai in una orna acconciatamente e gli gettarai sopra detta sabba dove averanno bollito; e ghe le lascerai così per venti giorni. Dopoi pigliarai un altro vaso e le cavarai di detta orna, e le metterai dentro con miele e sabba e cannella, pevere, gengevero e zaffarano, secondo la quantità che vorrai fare, e cime d'osmarino e salvia; e falle ribollire un altro poco con le sopradette cose.
Poi tornale in sopradetta orna col detto sapore, e saranno fatte. E se non ti grava la spesa, questa ultima volta, in miele solo, avvertendoti che le persiche non vanno soppressate. ◆◆

BALDASSARRE PISANELLI
Trattato della natura dei cibi e del bere
CARMAGNOLA:
MARC'ANTONIO BELLONE, 1589

Della Zucca. Cap. LXXXXVIII.
Che sia fresca, tenera, verde, e leggiera, e dolce. Gioua à i colerici, smorzando la sete, se si cuoce co'l del l'agresta, & rinfresca il fegato. Nuoce à i freddi, e flemmatici, genera molta ventosità; & acquosità, & però indebolisce lo stomaco. Apparecchiandosi con la senape, co'l pepe, e con l'aceto, ouero con herbe calide come sono la cipolla, & il petrosello.
E fredda, & umida, nel secondo grado.
E buona ne i tempi molto caldi per i giouani, & per quelli che sono di calda complessione.

Historie naturali.

La zucca è di cattivo nutrimento, e si corrompe, perché si cambia in quell'humore, che trova nel stomaco, e perché discende tardi, e perche ella è insipida; riceve quel sapore, e genera l'humore simile a quella cosa, con la qual si condisce. Nuoce a gli intestini, e specialmente al Colon, e però fa i dolori colici; se si mangia in molta quantità, fa i premiti: se si mangia cruda, grana lo stomaco; di modo che non si può aiutare se non co'l vomito. Cotta a lesso si fa alquanto migliore. Una spetie di zucca si conferva tutto l'inverno, ma gli è pasto da gente vile. I poeti la chiamano grave, verde, tonda, ventrosa, pregnante, e seminosa. I latini la chiamano cucurbita, i spagnoli calabazza.

Annotazione LXXXXVIII.

Riferiscono alcuni valenti scrittori, che l'uso della zucca non è così pernitioso, come quello de' cocomeri, pur che si corregga la loro acquosità, con cose appropriate; & tengono i Medici, che nó vi sia cosa migliore per mitigar l'ardor delle febbri ardenti, la sete, & rilasciar il corpo, che d'vsar spesso del suco di zucche cotte senz'acqua, in pignatta di terra nuova, messa nel forno, massime se la zucca s'empirà di zuccaro. E cosa prouata, che se la scorza della zucca secca s'abbruscierà, & sarà poluerizzata sottilmente, guarirà l'ulcere putride della verga, se vi sarà messa sopra. Le foglie messe sopra le mammelle delle dòne scacciano il latte, & il lor fuco scaccia le mosche dalle bestie, che nò gli dan fastidio. Il vino, che si mette in una zucca scauata, & tenutoui dentro una notte al sereno, & poscia bevuto, lenisce il corpo. ◆◆

FRUGOLI ANTONIO
Pratica scalcaria
ROMA: F. CAVALLI, 1638

Cocuzze, e loro qualità, e Cucina.
Le Cocuzze sono frigide, & humide nel secondo grado, e le megliori faranno le longhe, giouano alli colerici, e rinfrescano il fegato, e smorzano la sete, e muoano il corpo, e faranno contrarie alli flemmatici, & a quelli che patono dolori colici, e premiti, per la ventosità, loro, e nuoceno all'intestini, faranno megliori, e molto più sane mangiate fritte, che allesse, perché saranno assai meno humide, & acquose, e le allesse, si seruiranno con aromati, e si cuoceranno in buoni brodi di carne, allegate con uova, ouero con latte di mandole, o di pignuoli, e si accomoderanno in diversi modi come sotto se ne diranno buona parte. Le Cocuzze si potranno accomodare in tutti li modi, e viuande, che si faranno del Melone, si come sopra al suo Capitolo ho detto, e si seruiranno come quelle, e si potranno candire, si come usano a Genoua, e si potranno infarinare, e friggere doppo tagliate in fette sottili, e salprese, & striccate dalla loro acquosità, e si seruiranno calde con sugo di melangole, o agresta sopra, ouero con agliata, o sapore di mandorle, stemperato con agresta, & in tutti li sopradetti modi si potranno accomodare le stringhette di Cocuzza di Genova, doppo che saranno state a molle a bastanza in acqua tiepida, quali saranno buone per copritura di diversi pelati alessi doppo cotte in buon brodo, con cernellato, o altri salami, con tocchetti di formaggio, e fonghi Genoua dissalati dentro, servite con formaggio grattato, e spezie sopra, si come alli loro luoghi ho detto. E le Cocuzzette longhe tenere si potranno fare ripiene con Piccadiglio di carne, con pignuoli, e passerina, & agresta in grani con uova, & herbette buone battute minute dentro, con spezie a bastanza, ouero con prouaturine fresche peste con herbette buone, con uova, e formaggio di Parma grattato dentro, con spezie, e zuccaro a bastanza, e si esrviranno con formaggio grattato, e cannella sopra, per copritura, & in minestra ancora. ◆◆

BARTOLOMEO STEFANI.
L'arte di ben cucinare...
MANTOVA:
APPRESSO GLI OSANNA, 1662.

Minestre di cime di zucca, latticini e grani d'agresto insieme.
Pigliarai le cime di zucca e, se vi saranno li zucchetti sarà meglio, li farai rifare nel brodo, e rifatti li metterai in un pignattino con brodo di cappone, due latticini tagliati in bocconcini e prima rifatti; pigliarai di quell'agresto che suol fare la vite tre volte l'anno, perché li grani sono grossi e duri e hanno polpa, e mondati dalla pelle li spaccherai, li levarai il seme, mettendo due oncie di cascio parmegiano grattato e due ova e così maritarai la detta minestra.

Minestra di zucca.
Pigliarai la zucca rifatta nel brodo, acciò sia più saporosa, passata per setaccio: pigliarai oncie sei di mandorle peste nel mortaro, le stemperarai con un bicchiere di latte passato per stamegna, mettendo la zucca al fuoco con brodo grasso di cap-

pone, e quando la zucca sarà vicino alla cottura, le metterai quattro rossi d'ova e il succo di quattro neranci e sarà gustosa. ◆◆

Antonio Nebbia
Il cuoco maceratese
Venezia: F. Locatelli, 1783

Zucca in varie maniere.
Prendete la zucca, pulitela di semi e scorza, fettatela a dadi; fate un soffritto di cipolla, erbette, majorana, e basilico, tritate ben fino ogni cosa, prendete una cazzaruola, metteteci due oncie di butiro, sale e speziaria dolce, quando sarà quasi cotta, prendete un piatto che dovete mandare in tavola: untate il fondo del piatto con butiro e formaggio parmigiano grattato; venite aggiustando un solaro di zucca ed un solaro di formaggio, con simetria; finito che sarà, sbattete un uovo con sale, e indorate tutta la zucca, e incasciate sopra l'indoratura pulitamente; pulite il piatto, mettetelo al fornello di campagna con il fuoco sopra, acciocché faccia il brulé, mandatelo in tavola caldo con il colì sopra; questo piatto serve per un entrée.

Zucca alla pulenta.
Lessate la zucca, come avete fatto in addietro con sale, e scolata che sarà, prendete una cazzaruola, e la passerete in essa con butiro oncie due, basilico, e due garofani in polvere, lasciandola soffriggere, dopo passatela nello staccio asciutta; passata che sarà, untate una cazzaruola al fondo ed intorno, prendete una carta bianca, tagliatela quanto sarà largo e rotondo il fondo della cazzaruola, untatela sotto e sopra, dopo mettetela al detto fondo, spolverizzate il di dentro della cazzaruola con pane grattato, dopo prendete una libbra e mezza di zuccaro stacciato, dieci rossi di uovi, ott'once di formaggio parmigiano e due once di butiro, e meschiate ogni cosa, dopo gettatelo nella cazzaruola, mettete la detta cazzaruola con cenere sboglientata sotto, d'intorno, e sopra con un coperchio con cenere suddetta, quando sarà fermata, rovesciatela sottosopra in un piatto, mandatela intavola calda con pulizia, che sarà di buon gusto.

Zucca alla piemontese di grasso.
Prendete la zucca, pulitela e tagliatela a dadi, passatela in una cazzaruola con butiro, cipolletta, basilico trito: soffritto che sarà, mettete nella cazzaruola i dadi della zucca con sale e cannella spolverizzata, lasciandola cuocere, ma che non si disfacci, dopo prendete un'altra cazzaruola con tre once di butiro, dove metterete un pizzico di farina, e la farete colorire al fornello colore di cannella, mischiandola sempre con un cucchiaro di legno, metteteci un cazzaruolo di buon colì, che vi divenga una salsa piuttosto densa; ritiratela dal fuoco, e untate il fondo del piatto che dovete mandare in tavola; spolverizzare il primo piano col formaggio parmigiano grattato, e farete un solaro di detti dadi di zucca, e con un ramajuoletto vi metterete la salsa, così andrete facendo fino a tanto che avrete terminato la zucca, poi prendete due uovi, sbatteteli bene, e con il pennello di piume indorateli sopra e d'intorno, mettetela al forno, acciò facci la crosta; vanno mandati in tavola caldi, puliti bene d'intorno del piatto. ◆◆

Vincenzo Corrado
Il cuoco galante
Napoli: Stamperia Raimondiana, 1786.

Delle zucche vernine.
Le zucche vernine sono di color giallo, e di corteccia dura. Si possono servire l'Està mentre son tenere, ma meglio sono l'Inverno.

Alla Salsa di Cedro.
Nette le zucche dalla corteccia, e dai semi si tagliono a fettoline, le quali polverate di sale si purgano salla loro malignità, come si è detto delle altre. Purgate s'infarinano, e si friggono nello strutto, o olio, e si servono con salsa di cedro candito pesto, e sciolta con sugo di limone.

In Frittelle.
Si tagliano in pezzi le zucche, e si cuociono con butirro e spezie. Poi si pestano, e peste s'impastano con ricotta, cacio, uova, spezie, e poco zucchero. Se ne formano bocconi, i quali infarinati, dorati, e fritti si servono caldi.

Alla Crema.
Cotta la zucca con butirro e spezie, si pesta, e si passa per setaccio. Poi si unisce con latte, gialli d'uova, cannella, e noce moscata, si fa addensare a guisa di Crema e si serve sopra croste di pane.

In Budin.
Se ne può anche formare un Budin se cotta prima con butirro e spezie, poi pesta e passata per setaccio, si unisce con ricotta, panna di latte, gialli d'uova, latte, polvere di cannella, e poco pane grattato si addensa bene, ed addensata si versa in altra cassarola unta di butirro, e polverata di pan grattato, facendola finir di cuocere al forno; e si serve calda.

Dei Fiori di Zucche.
I fiori di zucche si possono anche servire fritti, e ripieni. Si friggono o prima infarinati, e dorati, o con pastetta. Si riempiono in tutte quelle maniere descritte parlando delle zucche lunghe. ◆◆

ANONIMO
Il cuoco Piemontese ridotto all'ultimo gusto e perfezione
MILANO: STAMPERIA SIRTORI, 1805

Della zucca
La zucca si serve in diverse maniere; ma non ne faccio la descrizione, perciocché non gusta a tutti, dirò solamente per fare la zuppa al latte: fatela cuocere nell'acqua; quando è cotta, e che vi resta poc'acqua, mettetevi del latte, un pezzo di butirro, sale, e zuccaro, se vi piace, immergetevi dentro il pane, ma non fatelo punto cuocere. Se poi ne volete far friggere, quando la zucca è cotta nell'acqua, mettetela in una casseruola con un pezzo di butirro, cipolletta, sale e pepe, quando avrà bollito un quarto d'ora, e che non vi rimane più salsa, mettetevi l'unione dei tre rossi d'uova con crema o latte.

Zucche alla parmigiana
Pulite, e affettate a quadrelli la zucca, lessatela con sale ecc. Fatela scolare, e poi prendete una casseruola con due oncie di butirro, ponetevi la zucca in quadrelli con sale, e spezieria dolce, fateli soffriggere, e rivolgeteli sottosopra, ed incorporati, ponetegli in un piatto, e conditeli come li maccaroni, cioè con parmigiano, e butirro, poneteli al fornello di campagna con fuoco sotto, e sopra, e fatto il brulè, serviteli.

Zucca cotta al fornello
Pulite, e lessate la zucca, e fatela scolare, passatela per lo staccio, ponetela in una casseruola, mettetevi un poco di sale, con due once di butirro, tre di parmigiano, due di candito tritato, e cannella spolverizzata, fatela bollire, quindi ponetevi sei uova sbattute; incorporata, e stretta che sia, ponetela in un piatto untato con butirro, di poi sbattete due uova, indoratela, e spolverizzatela con pane grattugiato, zuccaro e cannella, ponetela al fornello di campagna con fuoco sopra, fateli fare la crosta, e mandatela in tavola. ◆◆

ANONIMO
Oniatologia
FIRENZE: PAGANI, 1806.

Crema di zucca alla provenzale.
La zucca deve essere gialla, e di buona qualità: a questa si levi la buccia, il midollo con i semi, e si tagli a piccoli pezzi per farla cuocere nell'acqua con del sale: quindi bene scolata si ponga in una salvietta, premendola forte dai due lati, onde esca tutto l'umido.
Passatela dopo per setaccio fitto, e quella che casca mettetela in una cazzarola con un poco di fior di farina, ed otto, o dieci torli d'uovo. Prendete due libbre di latte, e fatelo bollire per cinque minuti: quando sarà raffreddato il latte levate la cannella, mescolatelo con la zucca, e ponetelo di nuovo a cuocere nella medesima cazzarola, staccandolo attorno con un mestolo, e nel fondo fino a tanto che non principii a bollire. Gustatela, e correggetela ove manca: vuotatela in un vassojo, o piatto, e servitela in tavola fredda. ◆◆

FRANCESCO LEONARDI
Apicio Moderno
ROMA: STAMPERIA DEI GIUNCHI, 1807.

Purè di zucca bianca.
Tagliate in fette una quantità sufficiente di zucca bianca, levategli la buccia, e i semi, tagliatela in piccioli pezzetti, mettetela in una marmitta sopra il fuoco acciò renda la sua acqua; poscia versatela in un setaccio, e fatela scolar bene; ponetela dopo in una picciola marmitta, con un brodo come quello dei fagioli, molto colorito acciò gli dia un colore biondo, un pezzo di prosciutto, e una cipolla con due garofani imbianchita, fatela cuocere un'ora a fuoco lento, disgrassatela, levate il prosciutto, e la cipolla, passatela alla stamina, depuratela vicino al fuoco, e se nel momento di servire volete legarla con qualche rosso d'uovo fresco, e parmigiano grattato, ciò gli darà un ottimo gusto; ovvero prima di passarla dategli corpo con qualche crosta di pane bene inzuppata, e un poco di parmigiano grattato.

Purè di zucca gialla.
Questa si fa nella stessa guisa, che la precedente, alla riserva, che in luogo di bagnarla con brodo assai colorito, la bagnerete con brodo bianco assai di sostanza, e la finirete come l'altra.

Zucca gialla fritta.
Antremè. Tagliate in filetti, o mostaccioli, o in altra guisa della zucca gialla mondata, e nettata dei semi, intingetela in una pastella da frittura, fatela friggere nello strutto di bel colore, e servitela glassata di zucchero colla pala rovente.

Zucca bianca fritta.
Antremè. Mondate, e tagliate la zucca bianca come sopra, conditela con un pochino di sale, poscia spremetela, infarinatela, fatela friggere di bel colore, e servitela glassata di zucchero colla pala rovente. La zucca bianca serve ai medesimi usi, che la gialla, ma è preferibile quest'ultima all'altra, per la sua polpa, e colore. ◆◆

VINCENZO AGNOLETTI
**Manuale del cuoco
e del pasticcere**
PESARO: TIP. NOBILI, 1834

Zucca bianca o gialla in sortù.
Antremè. Mondate la zucca, tagliatela in fettine, e passatela sul fuoco dentro una cazzarola con butirro, erbe fine, sale e droghe; poi sbruffateci un poco di farina, e bagnate con sufficiente quantità di latte; fate cuocere a lento fuoco, che venga come una crema ben densa, e fare raffreddare; uniteci quindi qualche uovo con i bianchi sbattuti in fiocca, ed un pugno di parmegiano; versate la composizione nel piatto con un bordino intorno, spolverizzate sopra con parmegiano, ed aspergete di butirro, fate cuocere ad un forno temperato, e servite subito. ◆◆

ANONIMO
**Il cuoco senza pretese ossia
la cucina facile ed economica**
COMO: C. P. OSTINELLI, 1834

Brodino di zucche.
Cotta che avrete la zucca con butiro, drogheria e sale a proporzione, e passata dopo per setaccio, unitevi mollica di pane inzuppata nel latte, o pannera, cannella in polvere, coll'aggiunta di alcune mandorle amare, mostaccioli, ed un poco di pan trito. Quando sarà bene addensato il composto a fuoco versatelo nella forma preparata, e crostato a fuoco con fuoco sotto e sopra con testo, servitelo caldo. ◆◆

ANONIMO
Il cuciniere italiano moderno
LIVORNO:
F.LLI VIGNOZZO E NIPOTE, 1844.

Zuppa di zucca.
Prendete alquanta zucca bianca, pulitela e tagliatela a fette della grossezza di un mezzo dito, facendone tanti piccoli dadi; mettete questi in una casseruola con un buon pezzo di butirro, facendo soffriggere a poco fuoco, finche non abbiano preso un bel color d'oro. Trinciate quindi ben fine alquanta cipolla, prezzemolo, basilico, sedano, timo, un poco d'aglio, e mettete tutto nella zucca, mescolando bene, ed aggiungendo due garofani, acqua a sufficienza, sugo di pesce, e, non avendone, butirro ed olio, o l'uno e l'altro uniti. Lasciate così bollire per lo spazio di un'ora; indi versate sopra alquante fettucce di pane arrostite, o fritte nel butirro, o nell'olio a piacere. ◆◆

ANONIMO
**La cuciniera di città e di campagna
o Nuova cucina economica**
TORINO:
MINERVA SUBALPINA, 1845

Zucca di varie specie alla parmigiana. (Citrouille et potiron à la parmesane). (Trammesso).
Tagliatela in pezzi quadrati, fateli bollire un quarto d'ora in acqua salata; ritirateli e lasciateli scolare. Ponete in una casseruola un buon pezzo di burro; fatevi friggere i vostri pezzi con sale e spezierie; ritirateli per ordinarli sopra un piatto e per cuoprirli di formaggio grattugiato. Fate lor prendere colore sotto un coperchio con fuoco sopra e servite.

Zucche diverse cotte in forno. (Citrouille ou potiron au four). (Trammesso).
Cuocetele in acqua salata, poi fatene uno spremuto. Ponetelo in casseruola con 2 oncie di burro, 3 di formaggio, 2 di zucchero e con cannella in polvere. Fate bollire; aggiungetevi 6 uova sbattute; mescolate ogni cosa, e ponetela sopra un piatto unto con burro. Dorate sopra con uovo, spolverate con pane grattuggiato misto con zucchero e cannella, e fate prender colore in forno o sotto il tamburo.

Minestra di zucca bernoccoluta ridotta in sugo. (Potiron en purée).
Tagliate la zucca in pezzetti, e poneteli in acqua bollente per 5 minuti con sale. Ritiratela dal fuoco, gettatene via l'acqua; poi schiacciate la zucca col rullo od altro, indi fate struggere del burro in una casseruola, e ponetevi la zucca a scottarsi un poco. Ponete nella minestriera fette di pane arrostito passato al burro e inzuccherato; indi versarvi sopra latte bollente, aggiungendovi la zucca. Mescolate ogni cosa, e servitela in tavola, dopo averla lasciata scaldare a lento fuoco, se così vi piace. ◆◆

G.F. LURASCHI,
Nuovo cuoco milanese economico
MILANO:
TIP. DI M. CARRARA, 1853.

Zucche berettone triffolate.
Pulite le zucche, tagliatele ed imbian-

chitele nell'acqua salata e fatele colare al crivello, fate tostare un ascié di prezzemolo, una spiga d'aglio, poco scialò e tre aschiode il tutto tridato fino, unitevi le zucche e mettetevi poco pepe, noce moscata e poco coulì lasciatele un poco a mijouté alla bornice, sgrassatele e servitele con crostoni di pane tostati alla graticola. ◆◆

Anonimo
Libro di cucina del sec. XIV testo di lingua a cura di F. Zambrini.
Bologna: F. Romagnoli, 1863

De le zucche.
Togli zucche novelle tagliate e lavate con acqua calda, e premile fortemente in un panno, e ponansi a cuocere con carne di porco fresca, e pepe e zaffarano.
Altrimenti. Anche togli zucche novelle, e lavale e spremile fortemente, e con ova cotte, e con cipolle, e cascio trito fortemente, e gittatele in acqua bollita, col pepe e col zaffarano, e oglio a sufficienza, e sale. E di tali si possono fare ravioli con carne battura mista, e anche pastelli.
Altrimenti. Togli zucche secche, et polle a mollo con acqua calda, al vespero; e quando sono mollificate, tagliale minute, e taglia sopra la taola, con cipolle, e con oglio, pepe e zaffarano: soffriggi e poni in civero, fatto di aceto o mollena di pane, a cocere. E a tale modo si può fare con latte d'amandole, pepe, cruoco, sale e oglio e con latte di noci. ◆◆

Vialardi Giovanni
Cucina borghese semplice ed economica
Torino: G. Favale e C., 1863

Zucca alla contadina.
Avrete una bella zucca verde e tenera, tagliatela a lunghe fette, levatele la trippa e la pelle verde, tagliatela a fette sottilissime, fatela friggere in padella su fuoco ardito con 1 ettogrammo di burro, un po' d'aglio trito, sale, pepe e spezie umidità con un po' d'acqua, se fa bisogno finché cotta tenera e bionda; mischiate del formaggio ed un po' di aceto e servitela.

Zucca in torta alla giardiniera.
Avrete 8 ettogrammi di zucca romana tenera, levatele la trippa e la pelle dura, gialla, tagliatela a fettine ovvero grattugiatela, fatela bollire per 5 minuti nell'acqua, oppure così se è tenera; sgocciolatela, ponetela in tegame con 2 ettogrammi di burro, un po' d'aglio e prezzemolo trito; fritta, asciutta ed un po' bionda unitele 60 grammi di farina e fritta ancora un poco, versatevi sopra mezzo litro di fior di latte, e fatela cuocere finché ridotta spessa; tratta dal fuoco, mischiatele 6 marzapani amari e schiacciati, più un po' di cacio, sale, pepe, spezie e 6 uova intere, il tutto ben mescolato, versatelo in un piatto di terra unto di burro e che resista al fuoco, fatela cuocere adagio con fuoco sotto e sopra o meglio al forno finché la torta sia rafferma nel mezzo, cresciuta d'un quarto e di un bel colore dorato, e servitela nello stesso piatto. Invece del piatto di terra si può mettere in uno stampo unto di burro, spolverizzato bene di pane e cotta al forno rinversarla sul piatto. ◆◆

Anonimo
La cuciniera maestra
Reggio Emilia: L. Bassi, 1886.

Torta di zucca.
Prendete della zucca pelatela e radetela poi mettetela in un canovaccio a scolarsi dalla propria acqua, e poi prendete quattro oncie burro e quattro oncie lardo e fate un soppesto e soffriggetele con un poco di cipolla, un poco di pepe o spezie entro una casseruola poi mettetevi la zucca e fatela bollire per un quarto d'ora poi levatela dal fuoco e mettetela a raffreddare entro un tegame e quando è raffreddata aggiungetevi una libbra di puina. Prendete indi una libbra di mandorle, pelatele e pestatele nel mortaio e unitele nel tegame con otto oncie zucchero, otto uova, quattro torli: poi sbattete bene bene ogni cosa assieme, poi fate la vostra pasta dolce, stendetela nella padella da torta unta con burro, vuotatevi il detto composto e cuocetelo al forno.

Zucca alla parmiggiana.
Pulite e tagliate a quadretti la zucca, lessatela con sale, indi scolatela; prendete di poi una casseruola, ponetevi un pezzo di butirro, la zucca in quadrelli con sale e spezie, fateli soffriggere e rivolgeteli sotto sopra; incorporati che sieno, metteteli in un piatto e conditeli con parmeggiano e butirro, poneteli al forno con fuoco sotto e sopra; e preso un bel colore, servite. ◆◆

Jean Marie Parmentier
Il Re dei Re dei cuochi
Milano: A. Bietti, 1897

Zuppa alla zucca (Potage au potiron).
Prendete un quarto di zucca, togliete

la pelle ed i semi; tagliatela in pezzi grossi come una noce e mettetela sul fuoco in una marmitta con dell'acqua. Quando la zucca è ben ridotta in marmellata, mettetevi grammi 62 di burro ed un po' di sale. Fate alzare un po' il bollore.

Fate bollire un litro di latte, aggiungetevi un po' di zucchero o di sale, se lo preferite, e mestate con la purée di zucca. Mettete pane minutato nella zuppiera e versate sopra il miscuglio di zucca e di latte. ◆◆

Pellegrino Artusi
La scienza in cucina e l'arte di mangiare bene
Firenze:
R. Bemporad e figlio, 1899

Torta di zucca gialla.
Questa torta si fa d'autunno o d'inverno, quando la zucca gialla si trova in vendita dagli ortolani.

Zucca, chilogrammi 1.
Mandorle dolci, grammi 100.
Zucchero, grammi 100.
Burro, grammi 30.
Pangrattato, grammi 30.
Latte, mezzo litro.
Uova n. 3.
Una presa di sale.
Odore di cannella in polvere.

Sbucciate la zucca, pulitela dai filamenti superficiali e grattatela sopra un canovaccio. Prendete le quattro punte di questo per raccoglierla insieme e strizzatela in modo da togliere buona parte dell'acquosità che contiene. Il chilogrammo si ridurrà a circa 300 grammi. Mettetela allora a bollire nel latte fino a cottura, che si può ottenere dai 25 ai 40 minuti, secondo la qualità della zucca. Pestate frattanto le mandorle, già sbucciate, insieme con lo zucchero, in un mortaio, riducendole finissime, e quando la zucca è cotta uniteci tutti gli ingredienti meno le uova, che aggiungerete quando il composto è diaccio. Ungete abbondantemente una teglia col lardo e rivestitela di una sfoglia di pasta matta e sopra alla medesima versate il composto alla grossezza di un dito e mezzo all'incirca, cuocendolo fra due fuochi o nel forno. Raccomando il calore moderatissimo e la precauzione di un foglio sopra unto col burro.

Zuppa di zucca gialla.
Zucca gialla, sbucciata e tagliata a fette sottili, un chilogrammo. Mettetela a cuocere con due ramaioli di brodo e poi passatela allo staccio. Fate al fuoco un intriso con grammi 60 di burro e due cucchiaiate rase di farina, e quando avrà preso il color biondo fermatelo col brodo; aggiungete la zucca passata e il resto del brodo che basti per sei persone. Poi versatelo bollente sopra a dadini di pane fritto e mandate la zuppa in tavola con parmigiano grattato a parte. Se farete questa zuppa a dovere e con brodo buono, potrà comparire su qualunque tavola ed avrà anche il merito di essere rinfrescante. ◆◆

GLOSSARIETTO

Agresto = succo di uva acerba, usato come acidificante
Asciè = battuto
Bogliere, Boglio = bollire, bollore
Braggie = brace
Butiro, Butirro = burro
Cervellate = polpette di carne
Civero = marinata di vino e spezie, civet
Crivello = setaccio
Cruoco o croco = zafferano
Gengevro = zenzero
Melangolo = arancia amara
Morolla = midollo di bue
Nerancio = arancia

Oglia potrida (olla podrida) = bollito di carne e verdure
Orna = urna, vaso
Passerina = uva passa
Petrosello = prezzemolo
Pevere = pepe
Pignuoli = pinoli
Povina o Puina = ricotta
Provatura = formaggio a pasta filata
Sabba o Saba = sapa o mosto cotto
Scialò = scalogno
Solaro = strato
Staccio = setaccio
Stamigna, stamegna = setaccio con filtro di garza

Le ricette di Arneo Nizzoli

Arneo Nizzoli si è conquistato, meritatamente e sul campo il titolo onorifico di "re della zucca". Il suo regno è a Villastrada, frazione di Dosolo, tra Viadana e Mantova. L'argine del Po è lì accanto con i suoi filari di pioppi e poco più in là si trova la confluenza dell'Oglio, un angolo di Bassa Padana tra i più caratteristici, fortemente segnato dalla presenza del fiume.
A due passi, sulle due sponde del Po, paesi che evocano molteplici avvenimenti: dai fasti dei Gonzaga, alle battaglie risorgimentali, dalle lotte dei contadini all'inizio del secolo all'eroismo dei fratelli Cervi, senza dimenticare la rivalità romanzesca tra Don Camillo e Peppone.
Da Nizzoli si respira l'atmosfera della Bassa e si mangia di conseguenza: combinando ricche vivande che suggeriscono un gusto rinascimentale o meglio gonzaghesco, ai piatti poveri e ingegnosi della tradizione contadina.
In entrambi i casi la zucca è al posto d'onore; ma per gustarla appieno bisogna andare a Dosolo in ottobre, quando il "re" proclama il mese della zucca. Intanto si può gustare un assaggio leggendo le sue ricette e provando a realizzarle.

NOTA BENE: alcune delle zucche riprodotte nelle pagine che seguono sono puramente ornamentali.

Fiori di zucca ripieni

5 patate, 200 g di fagiolini, 200 g di zucchine, 2 uova, 1 spicchio di aglio, 1 cucchiaio di prezzemolo tritato, una ventina di fiori di zucca, 1 cucchiaio di parmigiano (a piacere), 1 cucchiaio di olio, sale.

INGREDIENTI PER 6 PERSONE

VINI - Questa preparazione è caratterizzata da tendenza dolce percettibile ed una accettabile e gradevole sensazione aromatica. Scegliere un vino bianco secco, con bouquet leggermente aromatico, abbastanza intenso, con sentori floreali e vegetali, molto fresco di acidità, abbastanza morbido e caldo di alcol, di corpo, quale il Riviera ligure di ponente Vermentino, il Bianco Vergine Valdichiana, il Trebbiano d'Abruzzo o il Contessa Entellina Chardonnay.

ESECUZIONE

1. Lessare le verdure, e passarle in modo da ottenere una purea. Aggiungere uova, aglio, prezzemolo tritato, sale e parmigiano a piacere.
2. Con l'impasto ottenuto riempire i fiori ben lavati, disporli in una teglia con olio di oliva e cuocere in forno a 180° per 40 minuti circa.

PER PORZIONE:
125 Calorie - fibra 2,9 g

Bucce di zucca

COTTE IN MOSTARDA DI MELE

*La buccia di 1 zucca, 2 prese di sale,
1 cucchiaio di zucchero, 1 stecca di cannella,
1 cucchiaio di aceto, 3 cucchiaiate di mostarda di mele.*

INGREDIENTI PER 6 PERSONE

VINI - Questa stuzzicante ricetta è caratterizzata dall'intensità aromatico-gustativa degli ingredienti, che combina il dolce, lo speziato e l'acido. La si può accompagnare con un vino bianco secco, amabile o abboccato, giovane, con bouquet intenso, persistente e aromatico, morbido fresco di acidità, di buona sapidità, caldo di alcol e di corpo, quale l'Alto Adige Traminer aromatico vendemmia tardiva, il Pagadebit di Romagna amabile o l'Orvieto abboccato.

ESECUZIONE

1. Tagliare dalla zucca, precedentemente lavata la buccia, farla a pezzi delle dimensioni di una noce, scottarla per 5 minuti in acqua bollente.
2. Mettere poi le bucce in infusione con sale, zucchero, cannella, aceto di vino bianco e tre cucchiaiate di mostarda mantovana di mele.
3. Far macerare un paio d'ore prima di servire come antipasto. Volendo, si possono aggiungere delle scaglie di grana.

PER PORZIONE*

* Non è calcolabile l'apporto nutrizionale della buccia di zucca che ragionevolmente non dovrebbe incidere sulle calorie, ma sulla quantità di fibra.

Mezzelune di zucca fritte

*1 kg di zucca pulita,
farina, sale, aglio, rosmarino,
1 bicchiere di olio per friggere.*

INGREDIENTI PER 6 PERSONE

VINI - Preparazione di estrema semplicità, ma di apprezzata saporosità, che viene conferita dalla frittura in olio di oliva aromatizzato e dalla piacevole tendenza dolce della zucca. La scelta del vino in abbinamento, dovrà essere orientata verso un bianco secco e giovane, con bouquet intenso e fruttato, decisamente fresco di acidità, di buona morbidezza, moderata alcolicità e di corpo, quale il Favorita delle Langhe, il Bianco di Custoza o l'Epomeo bianco.

ESECUZIONE

1. Tagliare la polpa della zucca a fettine alte 1 cm a forma di mezzaluna. Farle marinare per 1 ora, cosparse di sale in una terrina.
2. Lavare, asciugare e infarinare le mezzelune, friggerle in abbondante olio aromatizzato con aglio e rosmarino.
3. Passare le mezzelune su un foglio di carta assorbente, salarle e servirle calde.

PER PORZIONE:
110 Calorie - fibra 1,4 g

Zucca in salsa piccante

1 kg di zucca pulita, 2 spicchi d'aglio, salvia, rosmarino, 1 bicchiere di aceto, 2 cucchiai di pangrattato, farina, olio per friggere, sale, pepe.

INGREDIENTI PER 6 PERSONE

VINI - La discreta pungenza della salsa, ma soprattutto l'intensa percettibilità degli aromi degli ingredienti, nonché una buona tendenza dolce, orientano la scelta dell'abbinamento per un vino bianco secco, con bouquet intenso, fruttato, floreale e vegetale, fresco di acidità, molto morbido, caldo di alcol e di corpo, quale il Breganze Pinot bianco, il Montecarlo bianco o il Bianchello del Metauro.

ESECUZIONE

1. Tagliare la zucca a fettine sottili, salarla e lasciarla un'ora a sgocciolare.
2. Infarinare e friggere le fette in abbondante olio caldo, quindi asciugarle su carta assorbente.
3. A parte, rosolare l'aglio a fettine con un po' d'olio, unire gli aromi e due cucchiaiate di pane grattugiato. Rosolare ancora, poi bagnare con l'aceto e aggiungere il sale e il pepe. Lasciarla intiepidire.
4. Versare la salsa così ottenuta sulle fette di zucca disposte su di un piatto da portata.

PER PORZIONE:
137 Calorie - fibra 1,1 g

Arneo Nizzoli — Antipasti

Barchette

DI ZUCCA CON ALICI

*800 g di zucca pulita,
100 g di alici o acciughe salate,
2 cucchiai di olio, 1 cucchiaio di aceto balsamico,
sale, pepe, zucchero.*

INGREDIENTI PER 6 PERSONE

VINI - La saporosità della preparazione, in cui prevalgono armoniosamente sensazioni di saporito, aromatico e speziato, richiedono per l'abbinamento un vino bianco secco e maturo, con bouquet abbastanza intenso, fruttato, floreale, sufficientemente fresco di acidità, molto morbido, caldo di alcol e di corpo, quale il Fiorano Semillon, il Falanghina del Sannio o l'Etna bianco.

ESECUZIONE

1. Tagliare la zucca a fette di 2 cm circa di spessore. Dissalare e spinare le alici.
2. Preparare a parte una salsa con olio, sale, pepe, zucchero, aceto e cospargere con questa il fondo di un tegame che possa andare in forno.
3. Disporre nel tegame le barchette di zucca, adagiare su ognuna un'acciuga e mettere il tutto in forno a 180° per circa 15 minuti.
4. Togliere dal forno e servire tiepide.

PER PORZIONE:
83 Calorie - fibra 0,7 g

Fagottini delizia con zucca

800 g di zucca pulita, 150 g di prosciutto cotto, 200 g di mozzarella, 2 uova, farina, salvia, 1/2 l di besciamella piuttosto liquida, sale, olio per friggere.

INGREDIENTI PER 6 PERSONE

VINI - La prevalente tendenza dolce della preparazione viene sapientemente equilibrata dal gusto succulente-saporito e leggermente grasso della mozzarella e del prosciutto. Il vino in abbinamento potrà essere un rosato giovane, con bouquet fragrante e fruttato, molto fresco di acidità, morbido, abbastanza caldo di alcol e di corpo, quale l'Alto Adige Lagrein rosato, il Rosa Cormòns o il Rosa del Golfo.

ESECUZIONE

1. Tagliare la zucca a riquadri piuttosto regolari e in numero pari. Passarli nell'uovo, nella farina e friggerli.
2. Appena raffreddati, stendere su ogni riquadro di zucca una fettina di mozzarella, una fettina di prosciutto e una foglia di salvia. Coprire con un altro riquadro di zucca.
3. Disporre i fagottini in una teglia, coprirli con la besciamella e gratinare in forno a 180° per 20 minuti circa. Servire il tutto ben caldo.

PER PORZIONE:
435 Calorie - fibra 1,2 g

Arneo Nizzoli — Antipasti

Frittelline di zucca

*500 g di zucca, 3 albumi,
1 pizzico di farina, 100 g di grana grattugiato,
sale, noce moscata,
1 bustina di zafferano, olio per friggere.*

INGREDIENTI PER 6 PERSONE

VINI - La piacevole aromaticità di questa preparazione, in cui si evidenziano caratteristiche di tendenza dolce, aromatico-speziato e di succulenza, orientano la scelta verso un vino bianco secco, giovane e con bouquet abbastanza intenso, fruttato e floreale, molto fresco di acidità, moderatamente morbido, sufficientemente caldo di alcol e di corpo, quale il Sandbicheler bianco, il Bolgheri bianco o il Vermentino di Alghero.

ESECUZIONE

1. Tagliare la zucca in quattro parti, eliminare la buccia e i semi, poi tagliarla a julienne con il mandolino affettaverdure.
2. A parte, montare leggermente tre albumi con un pizzico di farina, il grana grattugiato, sale, noce moscata e zafferano.
3. Passare la zucca in questo composto, metterla su un cucchiaio per darle forma, farla scivolare nell'olio bollente e farla rosolare.
4. Sgocciolare su carta assorbente, salare e servire.

PER PORZIONE:
143 Calorie - fibra 0,5 g

Tortino di zucca e cipolla

800 g di zucca pulita, 300 g di salsa di pomodoro, 4 cipolle, olio, origano, alloro, sale, 6 tartellette di pasta brisée.

INGREDIENTI PER 6 PERSONE

VINI ~ In questa ricetta semplice quanto gustosa, si evidenziano marcate sensazioni di tendenza dolce, di aromatico-speziato, succulenza leggera e untuosità appena percettibile. Per l'abbinamento occorrerà scegliere un vino bianco giovane, secco e con bouquet intenso e persistente, con sentori vegetali e di fiori, abbastanza fresco di acidità, morbido, caldo di alcol e di corpo, quale il Colli Berici Tocai bianco, il Bianco di Pitigliano o il Regaleali bianco.

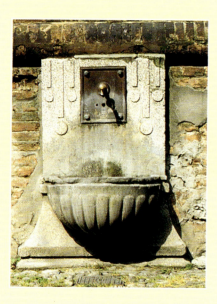

ESECUZIONE

1. Tagliare a dadi la zucca e le cipolle.
2. Far saltare in padella in abbondante olio la zucca e la cipolla facendo attenzione che non si disfino. Aggiungere il sale, l'origano e, a cottura ultimata, la salsa di pomodoro.
3. Sistemare il tutto su 6 tartellette e porle in forno caldo a gratinare.
4. Al momento del servizio guarnire con una foglia di alloro.

PER PORZIONE:
224 Calorie - fibra 3,9 g

Torta salata di zucca

*1 kg di zucca, 250 g di provolone saporito,
5 fette di pancarrè, 1 uovo, cannella in polvere, sale.
Per la pasta:
350 g di farina bianca, 150 g di burro, 1 uovo, sale.*

INGREDIENTI PER 10-12 PERSONE

VINI - Gli ingredienti conferiscono alla preparazione un equilibrato e piacevole gusto finale in cui troviamo, in particolare, sensazioni di tendenza dolce, aromatico-speziato e succulenza alle quali si potrà abbinare un vino rosato, secco, con bouquet fruttato, sentori di frutta fresca e fiori rossi, sufficiente acidità e morbidezza, abbastanza caldo di alcol e di corpo, quale il Chiaretto di Moniga, il Lagrein rosé, il Salice Salentino rosato o il Settesoli rosato.

ESECUZIONE

1. Sulla spianatoia mettere la farina a fontana, unire il burro ammorbidito a pezzetti e impastare velocemente. Unire anche circa 50 g di acqua fredda, l'uovo e un pizzico di sale. Lavorare la pasta il meno possibile e, quando gli ingredienti saranno tutti amalgamati, farne una palla, coprirla con pellicola trasparente e lasciarla riposare in frigorifero per circa 20 minuti.
2. Sbucciare la zucca e lessarla in acqua bollente e salata per circa 15 minuti, poi scolarla e lasciarla raffreddare.
3. Stendere la pasta dello spessore di circa 3 mm e foderare con poco più di metà di essa uno stampo a cerniera del diametro di 25 cm, precedentemente imburrato e infarinato.
4. Mettere sul fondo della tortiera uno strato di fette di pancarrè e su questo uno strato di zucca tagliato a fettine sottili. Salarla e profumarla con una spolveratina di cannella, poi ricoprirla con uno strato di formaggio, anch'esso tagliato a fettine sottilissime. Continuare così alternando zucca e formaggio, fino ad esaurimento.
5. Coprire la torta con la restante pasta; sigillarla bene, pizzicandola con le dita lungo i bordi e usare i ritagli per fare sulla superficie qualche decorazione. Spennellare la superficie con l'uovo, poi passarla nel forno già caldo alla temperatura di 180° e cuocere per circa 50 minuti.
6. Servire la torta calda oppure tiepida.

PER PORZIONE:
347 Calorie - fibra 1,7 g

Frittata con cipolle e zucca

300 g di zucca pulita, 1 cipolla, 10 uova, 100 g di grana, erba cipollina, olio, sale, aceto di vino rosso.

INGREDIENTI PER 6 PERSONE

VINI - **Gli ingredienti e la tecnica di cottura di questa ricetta, le conferiscono un fragrante e piacevole aroma, che si fonde elegantemente con il dolce della zucca, dell'uovo e della cipolla. Occorrerà scegliere un vino bianco secco, con bouquet intenso e fragrante dai sentori floreali e vegetali, fresco di acidità, abbastanza morbido, caldo di alcol e di corpo moderato, quale il Foianeghe bianco, il Piave Pinot grigio o il Castel dei Monte bianco.**

ESECUZIONE
1. Tagliare la zucca e la cipolla a listarelle.
2. Rosolare il tutto in olio d'oliva, finché siano ben dorate.
3. A parte, preparare le uova salate e sbattute, scolare la zucca e le cipolle dall'olio, unirle alle uova sbattute con il grana grattugiato e l'erba cipollina tritata.
4. Cuocere la frittata in una padella unta d'olio abbastanza grande in modo che rimanga sottile; una volta cotta, asciugarla su carta assorbente.
5. Servirla calda o tiepida spruzzandola con una goccia di aceto di vino rosso.

PER PORZIONE:
286 Calorie - fibra 1 g

Sacchetto di pasta

CON ZUCCA E RICOTTA AI FINFERLI SALTATI AL TIMO

Per la pasta:
300 g di farina, 3 uova, 2 cucchiai di olio extra vergine.

Per la salsa:
75 ml di brodo di carne, 15 ml di olio, zafferano.

Per la farcia:
225 g di zucca gialla tagliata a dadini, 225 g di ricotta di pecora, 8 g di mostarda di Digione, 10 g di cipolla, 1 g di timo, 15 ml di olio, sale e pepe, 1 porro tagliato a strisce per il lungo, 15 g di burro, 30 g di parmigiano.

Per la guarnizione:
225 g di finferli, 75 g di cubetti di pomodoro, 3 g di scalogno, 2 g di timo, 15 ml di olio.

INGREDIENTI PER 6 PERSONE

ESECUZIONE

1. Preparare la pasta; tirare una sfoglia sottile, e tagliarla a quadrati di 20 cm di lato; cuocerli al dente in acqua bollente salata; scolare e lasciare raffreddare su un tavolo.

2. Sbollentare per un minuto le strisce di porro in acqua bollente salata. Scolarle e far raffreddare.

3. Saltare in padella la zucca con olio e cipolla; raffreddare e mescolare con la ricotta. Unire il timo, la mostarda, il sale e il pepe.

4. Distribuire quindi al centro di ogni sfoglia la farcia; raccogliere i quattro angoli e legare a sacchetto con le striscioline di porro.

5. Disporre i sacchetti di pasta in una pirofila imburrata, cospargerli di parmigiano grattugiato e farli dorare leggermente in forno già caldo a 180° per 20-25 minuti.

6. Saltare i finferli, tagliati a fettine, in padella con olio, timo, sale, scalogno, pepe e i cubetti di pomodoro, e tenerli in caldo in una terrina.

7. Nella stessa padella, far ridurre sul fuoco il brodo con lo zafferano; emulsionare quindi con un po' di olio.

8. Sistemare i fagottini di pasta sui piatti, guarnirli coi funghi e cospargerli con la salsa.

PER PORZIONE:
464 *Calorie* - fibra 2,8 g

VINI - Si evidenziano sensazioni di tendenza dolce ed aromatico e leggermente grassa. Il vino potrà essere bianco, secco, con bouquet aromatico, con sentori fruttati, floreali e vegetali, abbastanza morbido, fresco di acidità, caldo di alcol e di corpo, quale il **Terlano Sauvignon**, il **Collie Chardonnay**, il **Biancolella d'Ischia** o il **Nuragus di Cagliari secco**.

Arneo Nizzoli — Primi Piatti

Tortelli di zucca

(DEL BASSO CASALASCO, VIADANESE E REGGIANO)

500 g di farina, 4 uova, acqua tiepida, 500 g di zucca, 200 g di mostarda di mele Mantovana, 100 g di amaretti, noce moscata grattugiata, scorza di 1/2 limone grattugiata, pan grattato, 1 cipolla media, 100 g di lardo, 50 g di burro, 1 bicchiere di vino bianco secco, 1/2 cucchiaio di concentrato di pomodoro, sale e pepe.

INGREDIENTI PER 6-8 PERSONE

VINI - Per la tendenza dolce della zucca e della pasta, la succulenza e l'aromatico-speziato del ripieno ed una piacevole saporosità, il vino in abbinamento dovrà essere bianco e giovane, con bouquet aromatico, floreale, fruttato e leggermente speziato, di buona acidità, ma decisamente morbido, caldo di alcol e di buon corpo, quale il Valle Isarco Gewürztraminer, il Valle d'Aosta Petite Arvine, il Poggio alle gazze di Bolgheri o il Regaleali Nozze d'Oro.

ESECUZIONE

1. Per il ripieno: ridurre la zucca cotta in poltiglia (se lessata, farla sgocciolare in un colapasta per 2 ore) e unirvi la mostarda tritata finissima con una parte del suo liquido, gli amaretti pestati fini, la scorza di limone grattugiata, un pizzico di noce moscata, sale e pepe e poco pan grattato, per legare il composto. Lasciare riposare coperto, per un paio d'ore.
2. Per la sfoglia: impastare la farina con le uova, un pizzico di sale e poca acqua. Lavorare energicamente fino ad avere un composto liscio, elastico e consistente; avvolgerlo in un telo e lasciare riposare per circa 30 minuti.
3. Trascorso il tempo di riposo della pasta, lavorarla nuovamente, poi stenderla con il mattarello in una sfoglia sottile. Ricavare dalla pasta dei rettangoli lunghi circa 10 cm, distribuirvi un po' di composto di zucca e richiuderli a forma di barchette, sigillando bene i bordi.
4. Preparare un soffritto a base di lardo e burro, cipolla tritata, vino bianco, concentrato di pomodoro, sale e pepe. Questo condimento va fatto restringere per almeno un'ora, aggiungendo, se è necessario, un po' d'acqua.
5. Lessare i tortelli in abbondante acqua bollente salata, scolarli appena cotti con il mestolo forato e disporli in una zuppiera o in piatti di servizio caldi nel seguente modo: mettere sul fondo della zuppiera un po' di soffritto e una spolverata di grana, quindi disporre uno strato di tortelli, ricoprirli di nuovo con il sugo e il grana, fino al riempimento della zuppiera, coprire con un panno e lasciare riposare per mezz'ora circa e servire.

PER PORZIONE:
546 Calorie - fibra 4,3 g

Crema di zucca

*3 l di brodo di pollo, 3 kg di zucca pulita,
1 cipolla piccola, 3 porri, 3 patate farinose sbucciate,
3 cucchiai di farina, 1 confezione di panna liquida da 500 ml,
sale, pepe, 100 g di gruviera,
2 tazze di dadini di pan carré tostato, 150 g di burro.*

INGREDIENTI PER 10-12 PERSONE

VINI - La sensazione dominante di questa preparazione è la tendenza dolce, conferita dalla maggior parte degli ingredienti ed una leggera aromaticità dovuta ai porri ed alla cipolla. Scegliere quindi un vino bianco giovane e secco, con bouquet fragrante, dai sentori vegetali e floreali, molto fresco di acidità, abbastanza morbido, caldo di alcol e di media struttura, quale il Lugana, il Lessini Durello, il Pinot Bianco di Monte San Pietro o l'Orvieto classico.

ESECUZIONE

1. Pulire, lavare e tagliare sottilmente la cipolla e i porri, soffriggerli nel burro, aggiungere la farina, stemperare.
2. Unire patate e zucca tagliate a pezzetti e far rosolare per 15 minuti.
3. Salare, pepare, unire il brodo di pollo, portare a bollore e lasciar cuocere per un'ora a fuoco moderato.
4. Passare al setaccio. Rimettere sul fuoco, aggiungere la panna e controllare di sale e pepe.
5. Appena riprende il bollore, togliere dal fuoco ed unire al composto il gruviera grattugiato.
6. Servire con i crostini e, volendo, con ciuffetti di panna montata.

PER PORZIONE:
512 Calorie - fibra 4,3 g

Primi Piatti — Arneo Nizzoli

Spaghetti con la zucca

*540 g di spaghetti, 300 g di mascarpone,
grana grattugiato a piacere,
1 fetta di zucca da 500 g, 2 scalogni, 1 noce di burro,
salvia, rosmarino, sale e pepe.*

INGREDIENTI PER 6 PERSONE

VINI - Preparazione piacevole ed invitante, in cui si evidenziano caratteristiche di tendenza dolce e di grasso, oltre ad una discreta aromaticità. Occorre abbinare un vino bianco secco, abbastanza maturo (eventualmente uno spumante), con bouquet evoluto dai sentori di frutta matura e fiori, decisamente fresco di acidità, abbastanza morbido, caldo di alcol e di buona struttura, quale il Breganze di Breganze, il Cervaro della Sala, il Fiorano bianco o il Greco di Tufo.

ESECUZIONE
1. Portare a bollore abbondante acqua salata per la pasta.
2. Mondare la zucca e tagliarla a fettine. Far appassire lo scalogno tritato in un tegame con una noce di burro, unire le fettine di zucca e lasciare insaporire con 2 foglie di salvia che saranno poi eliminate.
3. Cuocere gli spaghetti, versare nella zuppiera il mascarpone e il grana, poi diluire con un mestolo di acqua di cottura della pasta. Aggiungere un abbondante trito di salvia e rosmarino.
4. Scolare gli spaghetti al dente e versarli nella zuppiera. Condire con la crema, unire la zucca, mescolare e servire.

PER PORZIONE:
589 Calorie - fibra 3,4 g

Crema di patate

CON DADINI DI ZUCCA

*500 g di patate a pasta bianca,
100 g di cipolla tritata, 300 g di zucca,
6 fette di pancetta affumicata tagliata a listarelle,
1 l di brodo vegetale, 150 g di burro,
1 cucchiaio di prezzemolo tritato.*

INGREDIENTI PER 6 PERSONE

VINI - La preparazione si presenta con caratteristiche gustative di intensa tendenza dolce e leggermente aromatico. Il vino in abbinamento dovrà essere bianco e giovane, secco, con bouquet intenso, con sentori floreali e vegetali, molto fresco di acidità, abbastanza morbido, moderatamente caldo di alcol e di media struttura, quale l'Erbaluce di Caluso, il Valcalepio bianco, il Bianco Vergine Valdichiana o il Montecompatri Colonna Superiore.

ESECUZIONE

1. Far imbiondire la cipolla con 100 g di burro, unire le patate sbucciate e tagliate a fette, pepare e coprire con brodo vegetale.
2. A cottura avvenuta, passare il tutto nel passaverdura ed aggiustare di sale e pepe.
3. In una padella fondere il resto del burro, rosolare la pancetta ed aggiungere la zucca tagliata a dadini con 4 cucchiai di brodo vegetale, cercando di non far scuocere la zucca.
4. Servire la crema di patate in una fondina ed al centro del piatto adagiare un cucchiaio di dadini di zucca, pancetta e un pizzico di prezzemolo tritato.

PER PORZIONE:
327 Calorie - fibra 2,7 g

Rigatoni con la zucca

600 g di rigatoni, 450 g di cipolla a fettine, il cuore di 1 sedano tritato, 1,5 kg di zucca tagliata a dadini, 150 g di burro, 6 pomodori maturi, sale, pepe, parmigiano grattugiato.

INGREDIENTI PER 6 PERSONE

VINI - Preparazione semplice, ma gustosa in cui prevalgono le sensazioni di tendenza dolce, leggera aromaticità e succulenza. Scegliere un vino bianco giovane e secco, con bouquet abbastanza intenso dai sentori fruttati e floreali, decisamente fresco e di acidità, abbastanza morbido e caldo di alcol, di corpo moderato, quale il Colli Orientali del Friuli Riesling, il Colli di Luni bianco, il Falerio dei Colli Ascolani o il Falanghina del Sannio.

ESECUZIONE

1. In una casseruola larga, mettere 120 g di burro, le cipolle, il sedano, la zucca e lasciar cuocere a tegame scoperto e a fuoco vivo finché la zucca si sarà ammorbidita. Unire i pomodori spellati e tritati, sale, pepe e terminare lentamente la cottura.
2. Nel frattempo, cuocere in abbondante acqua salata i rigatoni.
3. Poco prima di servire, unire alla salsa di zucca il rimanente burro e i rigatoni scolati, cospargere di parmigiano grattugiato.

PER PORZIONE:
626 Calorie - fibra 8,4 g

Arneo Nizzoli — Primi Piatti

Gnocchi di zucca

1,5 kg di zucca cotta al forno,
6 dl di acqua salata,
farina bianca, salvia, burro, grana, sale.

Ingredienti per 6 persone

Vini - La semplicità di questa ricetta valorizza gli ingredienti utilizzati. Si evidenziano sensazioni di tendenza dolce, succulenza e grasso abbastanza percettibili ed una leggera nota di aromaticità. Il vino in abbinamento dovrà essere bianco, giovane, con bouquet abbastanza intenso e fragrante, fruttato e floreale, discretamente morbido, fresco di acidità, caldo di alcol e di corpo, quale il Cortese di Gavi, il Bianco di Custoza, il Pomino bianco o il Leverano bianco.

ESECUZIONE

1. Passare la zucca raffreddata al setaccio e rimetterla sul fuoco con l'acqua salata. Aggiungere gradualmente tanta farina quanto basta per ottenere una polenta che sarà cotta quando si staccherà dalle pareti della casseruola.
2. Stenderla sul tagliere, farla raffreddare e preparare gli gnocchi aiutandosi con un po' di farina.
3. Cuocerli in abbondante acqua salata e condirli con burro fuso, salvia e grana grattugiato.

PER PORZIONE:
270 Calorie - fibra 1,8 g

Primi Piatti — Arneo Nizzoli

Risotto di zucca

*400 g di riso, 400 g di zucca pulita,
brodo di carne (il doppio del riso),
100 g di burro, 100 g di parmigiano grattugiato.*

INGREDIENTI PER 6 PERSONE

VINI - Classico piatto della Padania, in cui prevalgono le sensazioni di tendenza dolce, di leggera aromaticità, di tendenza grassa e di succulenza. Abbinare un vino rosso giovane, eventualmente frizzante, con bouquet abbastanza intenso, vinoso e fruttato, fresco di acidità, poco tannico, morbido, caldo di alcol e di corpo, quale il Grignolino d'Asti, il Rosso dell'Oltrepò Pavese, il Lambrusco Salamino di Santacroce o il Colli del Trasimeno rosso.

ESECUZIONE

1. Cuocere la zucca tagliata a fette larghe in poca acqua salata; a cottura ultimata scolare la zucca, farla raffreddare ed eliminare la buccia.
2. Mettere il riso, la zucca e il brodo a freddo in un tegame, mescolare il tutto e mettere a cuocere per circa 15 minuti.
3. A fine cottura, unire il burro e mescolare finché questo non si sia sciolto, aggiungere il grana e servire. A piacere si può insaporire con un cucchiaio di Brandy spagnolo.

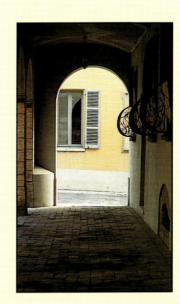

PER PORZIONE:
503 Calorie - fibra 1,8 g

Lasagne di zucca

*500 g di lasagne fresche, 1 kg di zucca,
1 cipolla media tritata, 1 noce di burro, 1 cucchiaio di olio d'oliva,
1 bicchiere di vino dolce, 1/2 l di besciamella,
200 g di mortadella tagliata a dadini, noce moscata, sale e pepe.*

INGREDIENTI PER 6 PERSONE

VINI - Preparazione gustosa ed accattivante, in cui prevalgono sensazioni di tendenza dolce e succulenza, oltre ad una certa aromaticità. Il vino in abbinamento dovrà essere rosso, giovane, un bouquet vinoso e fruttato, fresco di acidità, poco tannico, morbido e caldo di alcol e di corpo quale il Freisa di Chieri, il Valcalepio, il Lison-Pramaggiore Refosco, il Sangiovese di Aprilia o il Pentro di Isernia rosso.

ESECUZIONE

1. Lessare la zucca in acqua salata. Lessare le lasagne al dente, in acqua bollente salata, cui è stato aggiunto un goccio d'olio, scolarle e lasciarle asciugare su un canovaccio.

2. Nel frattempo, mettere sul fuoco un tegame con il burro, l'olio di oliva e la cipolla tritata, far soffriggere; aggiungere un bicchiere di vino bianco dolce.

3. Scolare la zucca tenendo l'acqua di cottura, sbucciarla e aggiungerla nel tegame, stemperarla bene con una frusta per evitare che si formino dei grumi. Se occorresse aggiungere un po' di acqua di cottura della zucca. Unire poi mezzo litro di besciamella e la mortadella (il composto deve risultare abbastanza denso).

4. Procedere nella preparazione alternando alla pasta il composto di zucca e il grana; terminare con la pasta, cospargere con qualche fiocchetto di burro e gratinare in forno caldo (180°-200°) per 30 minuti circa.

PER PORZIONE:
516 Calorie - fibra 4,2 g

Gnocchetti

CON FAGIOLI, ZUCCA E PATATE

600 g di zucca sbucciata e tagliata a dadini, 200 g di fagioli già cotti, 1/2 cipolla tritata finemente, 4 pomodori maturi, sale e pepe, 1 noce di burro e 1 cucchiaio di olio d'oliva.
Per gli gnocchetti:
300 g di farina bianca, acqua tiepida, sale.

INGREDIENTI PER 6 PERSONE

VINI – L'insolito utilizzo della zucca e dei fagioli, rende la preparazione originale e invitante; caratterizzata da tendenza dolce percettibile e da un leggero aromatico. Il vino potrà essere rosso, giovane, eventualmente frizzante, secco, con bouquet vinoso, fruttato e floreale, abbastanza morbido, molto fresco e di moderato corpo, quale la Malvasia di Casorzo d'Asti, l'Oltrepò Pavese Croatina, il Friuli Grave Merlot, il Chianti di Montalbano o il Solopaca rosso.

ESECUZIONE

1. Mettere tutti gli ingredienti a cuocere a freddo con un po' d'acqua come se si trattasse di un minestrone, lasciare cuocere il tutto per circa 2 ore, fino a che il composto si sia ben ristretto.
2. Impastare farina, acqua e sale, badando che l'impasto sia ben consistente e non appiccicoso. Per la preparazione degli gnocchi, formate con l'impasto dei rotoli e poi tagliateli, con l'accortezza di fare gli gnocchetti delle dimensioni di una nocciola, non rigandoli con la forchetta.
3. Cuocerli in acqua salata, scolarli e aggiungerli al minestrone preparato in precedenza. Servire con una spolverata di grana grattugiato e una macinata di pepe nero (a piacere).

PER PORZIONE:
266 Calorie - fibra 4,8 g

Bocconcini di salsiccia e zucca

all'erba cipollina

*150 g di salsiccia, 1 kg di zucca,
1 noce di burro, 1 cucchiaio di olio,
1 mazzetto di erba cipollina, sale, noce moscata.*

INGREDIENTI PER 6 PERSONE

VINI - La consistenza della salsiccia e l'aromaticità dell'erba cipollina sono le dominanti di questa preparazione. Il vino in abbinamento potrà essere rosso, giovane e secco, con profumo intenso, vinoso, floreale e fruttato, abbastanza morbido, fresco di acidità, poco tannico, caldo di alcol e di corpo, quale il Valle d'Aosta Chambave rosso, il Santa Maddalena, il Colli Berici Tocai rosso, il Montescudaio rosso o il San Severo rosso.

ESECUZIONE

1. Ridurre a bocconcini la salsiccia, tagliare la zucca a dadi non troppo piccoli e farli soffriggere con olio e burro, insaporendo con noce moscata e sale.
2. A fine cottura, aggiungere l'erba cipollina tritata, mescolare bene il tutto avendo l'avvertenza di non spappolare la zucca.

PER PORZIONE:
137 Calorie - fibra 0,9 g

Petti di pollo con zucca e vino cotto

3 petti di pollo, 800 g di zucca,
1 noce di burro, 1 cucchiaio di olio,
1 rametto di salvia, 3 cucchiai di vino cotto.

INGREDIENTI PER 6 PERSONE

VINI - La leggera nota aromatica conferita dalla salvia e la delicata tendenza dolce della carne del pollo unita a quella della zucca, rendono la preparazione leggera e piacevole. Per la particolarità della ricetta, il vino in abbinamento potrà essere bianco o rosso. In entrambi i casi orientarsi verso vini giovani e leggeri come l'Oltrepò Pavese Cortese, l'Aquileia Verduzzo o il Feudo dei Fiori, oppure, il Barbera del Monferrato, il Lago di Caldaro o il Copertino rosso.

ESECUZIONE
1. Tagliare i petti di pollo a pezzetti e la zucca a dadini, rosolarli con olio e burro e insaporire con qualche foglia di salvia.
2. A metà cottura unire 3 cucchiai di vino cotto e portare il tutto a cottura.
3. Servire con bocconcini di polenta abbrustolita.

PER PORZIONE:
516 Calorie - fibra 4,2 g

Maiale brasato con zucca

350 g di sfilatura di maiale, 300 g di zucca pulita, olio, burro, brodo, sale, pepe, 1 bicchiere di vino bianco, zucchero o miele.

INGREDIENTI PER 4 PERSONE

VINI - Questa preparazione è caratterizzata da sensazioni di succulenza e tendenza dolce per la carne utilizzata e per la zucca, nonché da una discreta sensazione di grasso e di aromatico. Il vino in abbinamento potrà essere di colore rosato, giovane, con bouquet fragrante, fruttato, floreale e con sentori di pasticceria fresca, giustamente alcolico, morbido e fresco di acidità, quale l'alto Adige Lagrein rosato, il Rosato Castel Grifone, il Rosato di Irpinia o il Settesoli rosato.

ESECUZIONE

1. Far insaporire in padella a fuoco vivace la carne, poco olio e burro.
2. Quando la carne è rosolata, unire la zucca (tagliata a dadini), mescolare, aggiungere un mestolo di brodo, poi il vino ed un po' di zucchero di canna o miele. Abbassare il fuoco e lasciar sobbollire per circa mezz'ora. Salare, pepare e servire molto caldo.

PER PORZIONE:
223 Calorie - fibra 0,5 g

Secondi Piatti — Arneo Nizzoli

Cotechino alla vaniglia

CON PURÈ DI ZUCCA

*1 cotechino di circa 1 kg,
2 bustine di vaniglia,
500 g di zucca in 2 fette larghe circa 5 cm,
100 g di burro, latte, sale,
noce moscata e parmigiano.*

INGREDIENTI PER 6 PERSONE

VINI - Le evidenti sensazioni di tendenza dolce e grassa della purea di zucca e del cotechino, nonché una discreta succulenza e saporosità della preparazione, suggeriscono un vino rosso giovane e brioso, il cui bouquet ricordi i frutti rossi e la mandorla, abbastanza morbido, molto fresco di acidità, poco tannico, moderatamente alcolico e di medio corpo quale l'Oltrepò Pavese Barbera, il Gutturnio dei Colli Piacentini, il Lambrusco di Sorbara o il Marzemino di Isera.

ESECUZIONE

1. Per la cottura del cotechino: avvolgerlo in una pezza o in un foglio di carta oleata, legarlo, e metterlo in abbondante acqua fredda con la vaniglia (che lo profuma e lo sgrassa). Cuocere a fuoco molto basso per circa 3 ore, calcolate dal momento dell'ebollizione.

2. Per il purè: lessare la zucca in acqua bollente salata; appena cotta, scolarla ed eliminare la buccia, passarla con il passaverdura, metterla in un tegame, versarvi un po' di latte, sale, noce moscata. Cuocere a fuoco basso mescolando sempre e, a preparazione ultimata, aggiungere il burro, mescolare bene e legare con il parmigiano a piacere.

3. Servire il cotechino con accanto il purè.

PER PORZIONE:
816 Calorie - fibra 0,5 g

Sformato di zucca

*300 g di polpa di zucca, 2 uova,
70 g di burro, 50 g di farina, 250 ml o più di latte,
100 g di gruviera, sale.*

INGREDIENTI PER 6 PERSONE

VINI - Il fragrante aroma di questa preparazione, le sensazioni di tendenza dolce, aromatico e di succulenza, nonché una leggera sensazione di grasso, orientano la scelta verso un vino bianco secco maturo, con bouquet abbastanza intenso, sentori di fruttato e di floreale evoluti, giustamente morbido e di buona acidità, caldo di alcol e di corpo, quale l'Isonzo Malvasia Istriana, lo Chardonnay di Miralduolo, il Saline bianco o il Bianco Allavam di Agrigento.

ESECUZIONE

1. Tagliare a piccoli pezzi la zucca, farla cuocere in acqua bollente salata per 15 minuti.
2. A parte, con la farina, il burro e il latte, preparare una besciamella consistente. A fine cottura, salare e aggiungere il formaggio tagliato a fettine sottilissime; mescolare bene.
3. Unire la besciamella alla polpa di zucca passata al setaccio, amalgamare al composto un tuorlo d'uovo alla volta e poi gli albumi montati a neve soda.
4. Imburrare una teglia, versare il composto. Infornare per 30-40 minuti a fuoco moderato (180°).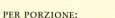

PER PORZIONE:
254 Calorie - fibra 0,6 g

Polpettone di zucca

*1 kg di zucca, 500 g di funghi freschi,
3 tuorli d'uovo, 4 cucchiai di ricotta,
grana grattugiato, 1 spicchio d'aglio, olio, sale.*

INGREDIENTI PER 6 PERSONE

VINI - Il gusto abbastanza curioso di questa preparazione si evidenzia per le sue caratteristiche gustative di tendenza dolce, saporito, aromatico e succulenza. Il vino in abbinamento dovrà essere bianco, secco e maturo, con bouquet dai sentori fruttati, floreali con un finale leggermente aromatico, morbido e fresco di acidità, caldo di alcol e di corpo, quale il Trentino Pinot Grigio, il Colli Piceni bianco, il Colli Martani Grechetto o il Castel del Monte bianco.

ESECUZIONE

1. Lessare la zucca in acqua salata. Sbucciarla, scolarla e passarla al passaverdura.
2. Pulire, affettare e rosolare i funghi con l'aglio. Unirli alla zucca.
3. Rimettere il tutto sul fuoco a insaporire, aggiungere la ricotta, il grana i tuorli e mescolare, finché il composto risulti ben omogeneo.
4. Avvolgerlo in un foglio di carta oleata, ungere una teglia con olio e porre in forno già caldo a 180°-200° per 30-40 minuti.

PER PORZIONE:
188 Calorie - fibra 2,6 g

Arneo Nizzoli — Secondi Piatti

Rotolo di zucca e spinaci

---

*200 g di farina, 1 uovo, latte, 1 kg di zucca,
500 g di spinaci, 1 scorza di limone,
50 g di grana, 300 g di ricotta, 6 foglie di salvia,
50 g di burro, noce moscata, sale, pepe.*

INGREDIENTI PER 6 PERSONE

VINI - La stuzzicante fragranza dell'aroma di questa ricetta ed il suo gusto a forte tendenza dolce con sfumature di aromatico-speziato, orientano verso la scelta di un vino bianco secco maturo, con bouquet di frutta gialla matura e di fiori di campo, morbido e fresco di acidità, caldo di alcol e di corpo, quale il Monsupello bianco, il Lison-Pramaggiore Pinot bianco, l'Epomeo bianco o il Castelvecchio bianco della provincia di Trapani.

ESECUZIONE

1. Impastare la farina con l'uovo e il latte, lavorarla per alcuni minuti, quindi avvolgerla in un tovagliolo e lasciarla riposare in frigorifero.
2. Fare cuocere la zucca in forno o a vapore; lasciare raffreddare e passare la polpa al setaccio.
3. Porla in padella e insaporire con noce moscata, scorza di limone grattugiata, grana e sale e mettere in frigorifero.
4. A parte, tritare gli spinaci, farli insaporire in padella col burro e aggiungere sale, noce moscata, ricotta, 50 g di grana e pepe.
5. Stendere la pasta con un mattarello, dandole una forma rettangolare della misura approssimativa di 30 x 20 cm, oppure se è più comodo, ricavare 2 rettangoli di pasta e confezionare 2 rotoli. Spalmare, lasciando libero il bordo del rotolo, prima il composto di zucca e poi quello di spinaci e arrotolare per il lungo formando un salame. Avvolgerlo in un telo bianco, legarlo e metterlo a cuocere per circa 15 minuti in acqua bollente salata.
6. Fare raffreddare il rotolo in frigo, tagliarlo a fette, sistemarlo in una pirofila e condire con burro, salvia e una grattata di grana. Far gratinare in forno per alcuni minuti e servire caldo.

PER PORZIONE:
361 Calorie - fibra 2,8 g

Baccalà con cipolla e zucca

1 kg di zucca pulita, 1 cipolla tritata, 200 g di polpa di pomodoro, 300 g di baccalà già ammollato e pulito, farina, noce moscata, zenzero, dado in polvere, strutto per friggere, 2 cucchiai di olio d'oliva, parmigiano.

INGREDIENTI PER 4 PERSONE

VINI - Il pesce essiccato e conservato nel sale è la dominante gustativa di questa preparazione, equilibrato dalla tendenza dolce della zucca e dall'aromatico delle spezie. Il vino in abbinamento dovrà essere bianco, non troppo giovane, con bouquet evoluto, fruttato e floreale, secco, molto morbido, di giusta acidità, caldo di alcol e di buona struttura, quale il Colli Berici Riesling Renano, il Collio Tocai, la Vernaccia di San Gimignano o il Castel del Monte bianco.

ESECUZIONE

1. Infarinare i pezzi di baccalà e friggerli nello strutto. Quando sono ben dorati scolarli dall'olio e asciugarli su carta assorbente.
2. A parte, soffriggere la cipolla con l'olio di oliva, aggiungere la polpa di pomodoro e la zucca tagliata a dadini; quando il tutto è ben rosolato aggiungere il baccalà. Unire gli aromi e terminare la cottura a fuoco lento. Spolverizzare con parmigiano grattugiato.

PER PORZIONE:
123 Calorie - fibra 1,8 g

Nota: È una ricetta villastradese che non è mai stata scritta, ma che si tramanda di madre in figlia.

Ricciolini di zucca

*350 g di farina bianca, 150 g di fecola, 150 g di zucca,
2 tuorli e 1 albume, 175 g di burro, 200 g di zucchero,
1 bustina di lievito per dolci,
1 bicchierino di sambuca o liquore dolce, strutto.*

INGREDIENTI PER 6 PERSONE

VINI - La consistenza del biscotto, la tendenza dolce percettibile e la gradevole sensazione di aromatico, orientano la scelta del vino per l'abbinamento verso un bianco dolce, giovane, con bouquet fruttato e fragrante dai sentori floreali e fruttati, fresco di acidità, molto morbido, caldo di alcol e di corpo, quale il Loazzolo, il Colli Orientali del Friuli Picolit o il Moscato di Trani Liquoroso.

ESECUZIONE

1. Mettere la farina e la fecola a fontana sul tavolo; aggiungere al centro tutti gli ingredienti e impastare il tutto. Quando l'impasto risulterà ben omogeneo e non troppo morbido, tirarlo con il mattarello dello spessore di 1 cm circa.

2. Prendere gli stampini, ritagliare i biscotti e sistemarli in una teglia unta precedentemente con un po' di strutto; spennellare i biscotti con un po' di albume leggermente montato, spolverare con lo zucchero semolato.

3. Mettere in forno a cuocere a 180° per 20 minuti, finché avranno preso colore. Far raffreddare prima di servire.

PER PORZIONE:
221 Calorie - fibra 0,4 g

Arneo Nizzoli — Dolci

Torta di zucca

1 kg di zucca, 150 ml di latte, 50 g di mandorle, 100 g di zucchero, 3 uova, 50 g di burro, 10 amaretti, 1 cucchiaio di cacao amaro, 150 g di fecola di patate, 1 bustina di lievito vanigliato, sale.
Per la teglia: burro e pane grattugiato.

INGREDIENTI PER 6 PERSONE

VINI - **Classica ricetta di equilibrata saporosità e gradevolezza. In particolare, si percepiscono sensazioni di tendenza dolce molto percettibili, consistenza e aromatico-speziato, nonché una leggera tendenza grassa. Il vino dovrà essere bianco, giovane, dolce, con bouquet intenso, fruttato e floreale, fresco di acidità, morbido, caldo di alcol e di corpo, quale il Torcolano di Breganze, il Colli Piacentini Malvasia dolce, il Frascati Cannellino dolce.**

ESECUZIONE

1. Privare la zucca di buccia, semi e filamenti, dividerla a pezzi e farla cuocere con il latte a tegame coperto, schiacciandola con una forchetta e mescolando finché la zucca non avrà assorbito tutto il latte.
2. Tenerla sul fuoco ancora per 5 minuti, sempre mescolando, per farla asciugare il più possibile, quindi spegnere e lasciarla intiepidire.
3. Nel frattempo, tritare finemente gli altri ingredienti, aggiungere i tuorli (tenendo da parte gli albumi) ed il burro e aggiungere la zucca, amalgamando bene il tutto.
4. Montare gli albumi a neve e aggiungerli poco alla volta all'impasto con un pizzico di sale.
5. Imburrare una teglia, spolverizzarla con il pane grattugiato, versarvi il composto e cuocere in forno già caldo a 180° per un'ora.
6. Servire la torta fredda.

PER PORZIONE:
449 Calorie - fibra 2,6 g

Biscotti di zucca

1,6 kg di farina bianca, 750 g di fecola, 6 tuorli e 2 albumi d'uovo, 1,2 kg di zucca, 700 g di burro, 800 g di zucchero, 1 bicchierino di sambuca, 2 bustine di lievito per dolci.
Per spennellare i biscotti:
4 albumi, zucchero semolato.

INGREDIENTI PER UN CENTINAIO DI BISCOTTI

VINI - La consistenza dei biscotti, la tendenza dolce, l'aromatico e la leggera sensazione di grasso, orientano la scelta dell'abbinamento, verso un vino bianco amabile o dolce, con bouquet intenso, con sentori di frutta matura e di spezie, di buona acidità e morbidezza, decisamente caldo di alcol e di corpo, quale l'Erbaluce di Caluso passito, il Colli Orientali del Friuli Verduzzo di Ramandolo o il Moscato di Pantelleria, naturalmente dolce.

ESECUZIONE

1. Mettere la farina a fontana su un tavolo, aggiungere via via tutti gli ingredienti, avendo l'avvertenza di ammorbidire prima il burro. Impastare fino a ottenere un composto elastico ed omogeneo.
2. Lasciar riposare per circa 20 minuti e quindi iniziare a fare dei bastoncini con l'impasto; sistemarli in una teglia imburrata, spennellarli con gli albumi montati a neve e cospargerli con zucchero semolato.
3. Mettere in forno a 150° per circa 30 minuti, togliendoli quando saranno dorati.

PER BISCOTTO:
80 Calorie - fibra 0,5 g

Torta speziata di zucca

600 g di polpa di zucca, 300 g di farina bianca, 250 g di zucchero, 200 g di uva sultanina, sale, 3 uova, 4 cucchiai di olio di oliva, 5 g di chiodi di garofano, 5 g di cardamomo, 5 g di cannella, 1 bustina di lievito per dolci, 1 cucchiaio di zucchero a velo per la finitura.

INGREDIENTI PER 8 - 10 PERSONE

VINI - Varietà ed aromaticità degli ingredienti, conferiscono un gusto finale di tendenza dolce, aromatico-speziata e una certa succulenza. Il vino in abbinamento potrà essere bianco o rosso, dolce, passito o liquoroso, con bouquet intenso, fruttato e floreale, eventualmente anche con sentori di spezie, fresco di acidità, molto caldo di alcol e decisamente morbido di corpo, quale il Moscato rosa dell'Alto Adige, il Vin Santo del Chianti o il Girò di Cagliari liquoroso dolce.

ESECUZIONE

1. Imburrare una tortiera, tagliare la zucca a fette di circa 2 cm di spessore e adagiarle nella teglia, infornarla a 180° e lasciarla cuocere per circa 15 minuti, finché risulterà molto morbida; quindi passarla ancora calda al passaverdura.

2. Macinare finemente le spezie riducendole in polvere. In una terrina mescolare la farina setacciata con il sale, le droghe e il lievito.

3. A parte, sbattere le uova con lo zucchero, aggiungere il passato di zucca, l'uvetta, l'olio e amalgamare bene. Unirvi poco alla volta il composto di farina

4. Imburrare un'altra tortiera, versarvi l'impasto pareggiando bene la superficie, cuocere quindi in forno preriscaldato a 180° per un'ora circa. Una volta cotta farla raffreddare e spolverizzare con zucchero a velo.

PER PORZIONE:
349 Calorie - fibra 2,9 g

Arneo Nizzoli — Dolci

Zuccotto di zucca

---

1 l di latte, 1 kg di zucca lessata,
100 g di zucchero,
150 g di mandorle tritate,
150 g di amaretti tritati, 1 cucchiaio di fecola,
1 bustina di zafferano,
cannella tritata.

Per foderare lo stampo: pan di Spagna, 1 bicchierino di liquore all'Amaretto, 1 bicchiere di latte.
Per la salsa: 100 g di cioccolato fondente, 2-3 cucchiai di polpa di zucca cotta e passata al setaccio.

INGREDIENTI PER 10 PERSONE

ESECUZIONE

1. Mettere il tutto, a freddo, in una pentola sul fuoco mescolando fino a quando il composto si sarà amalgamato. Lasciarlo raffreddare.
2. A parte, preparare intanto il pan di Spagna bagnandolo con una miscela di latte e liquore all'Amaretto. Foderare con questo le pareti di uno stampo di vetro rotondo.
3. Riempire lo stampo con la crema ben raffreddata e chiudere con altro pan di Spagna bagnato. Mettere in freezer per un paio d'ore.
4. Rovesciare lo zuccotto su un piatto da portata rotondo, ricoprirlo con il cioccolato sciolto a bagnomaria e mescolato con la zucca.

VINI - La presenza di numerosi ingredienti particolari tipici della pasticceria classica regionale, conferiscono alla preparazione un carattere di assoluta raffinatezza in cui prevalgono sensazioni di tendenza dolce, consistenza e succulenza, aromatico-speziato e tendenza grassa. Il vino in abbinamento dovrà essere bianco, dolce con bouquet intenso ed aromi di frutta secca, frutta matura e spezie, fresco di acidità, morbido e molto caldo di alcol, di corpo, quale il Trentino Vin Santo, il Marsala Oro Superiore Riserva o la Vernaccia di Oristano Liquorosa.

PER PORZIONE:
452 Calorie - fibra 2,4 g

Strudel di zucca

600 g di zucca pulita, 50 g di uva sultanina, 200 g di zucchero, 30 g di pinoli, 20 g di burro, 1 mela renetta, 1 cucchiaino di cannella, 1 limone, 1 uovo, 1 rotolo di pasta sfoglia surgelata.

INGREDIENTI PER 4 PERSONE

VINI - Classico dessert in cui si percepiscono sensazioni di tendenza dolce, aromatico-speziato e leggera tendenza grassa. Per l'abbinamento scegliere un vino bianco giovane e dolce, con bouquet intenso e persistente dagli aromi di frutta matura e frutta secca, di spezie e di fiori, fresco di acidità, molto morbido, caldo di alcol e di corpo, quale l'Alto Adige Moscato giallo dolce, l'Erbaluce di Caluso passito liquoroso o la Malvasia delle Lipari dolce naturale.

ESECUZIONE

1. Tagliare a pezzi la zucca e la mela e cuocerle per 15 minuti in un tegame mescolando sempre e facendole asciugare bene.
2. Quando saranno fredde aggiungere 2 cucchiai di zucchero, la scorza di mezzo limone grattugiato e 2 cucchiai di spremuta di limone. Schiacciare i pezzi di zucca o di mela rimasti grossi con una forchetta. Appena il tutto sarà freddo, aggiungere l'uva sultanina, i pinoli, lo zucchero rimanente e la cannella.
3. Aprire il rotolo di pasta sfoglia e stendervi sopra il composto cospargendo con il burro a fiocchetti.
4. Arrotolare e mettere in una teglia imburrata, spennellando il rotolo con il rosso d'uovo. Cuocere in forno a 180° per 40-45 minuti.
5. Servire freddo.

PER PORZIONE:
630 Calorie - fibra 3,3 g

Gelato di zucca

*400 g di zucca cotta, 3 dl di latte, 125 g di zucchero,
1/2 stecca di vaniglia, 7 amaretti,
2 cucchiai di maraschino.*

INGREDIENTI PER 6 PERSONE

VINI - Nessun vino in abbinamento poiché il gelato, oltre ad essere servito ad una temperatura sotto lo zero, contiene ingredienti non adatti per il vino.

ESECUZIONE
1. Pulire bene la zucca privandola anche della scorza, cuocerla a pezzi con il latte e l'interno della stecca di vaniglia.
2. Aggiungere lo zucchero, rimestare bene e lasciar raffreddare per qualche minuto.
3. Frullare la zucca raccogliendo anche il liquido denso rimasto sul fondo del recipiente, unire gli amaretti e il liquore e, quando il composto sarà freddo, introdurre nella gelatiera e preparare il gelato.

PER PORZIONE:
205 Calorie - fibra 1 g

I cuochi celebri interpretano la zucca

"Cecilio, Atreo delle zucche, le divide, le taglia in mille fette, come se fossero i figli di Tieste.
Le mangerai innanzitutto nell'antipasto; te le presenterà nella prima e nella seconda portata e poi nella terza;
con esse ti preparerà l'ultima portata. Con esse il pasticciere ti farà delle insipide focacce,
delle piccole torte di diverse specie e dei datteri ben noti ai teatri. Con esse il cuoco prepara vari manicaretti,
tanto che tu potresti credere che abbia adoperato lenticchie e fave; imita funghi e salsicce, code di tonno e piccole sardelle.
Con esse il dispensiere fa sfoggio della sua abilità."*

*In questa parte del libro ci concentreremo sulla versatilità culinaria della zucca e vedremo come gli chef di oggi,
non diversamente dal cuoco e dal dispensiere di Cecilio, preparano con essa ogni genere di manicaretto, dall'antipasto al dolce,
con risultati che certamente avrebbero soddisfatto anche Marziale.*

*Marziale, *Epigrammi*, XXI - 31, a cura di G. Norcio, Utet: Torino, 1980.

Gratin di gamberi di ruscello

ZUCCA GIALLA E SPINACI IN FOGLIE

---

2 kg di gamberi d'acqua dolce vivi,
1 mazzetto d'erbe fresche composto da timo, prezzemolo,
sedano verde, dragoncello,
1 bicchiere di vino bianco secco, 6 rossi d'uovo,
2 dl di panna fresca, 3 pugni di foglie di spinaci
burro, olio d'oliva, 1 cucchiaino di concentrato di pomodoro
200 g di zucca gialla pulita, sale.

INGREDIENTI PER 4 PERSONE

VINI - La particolare delicatezza gustativa delle code dei gamberi, la piacevole tendenza dolce della zucca e grassa della panna, unitamente alla fragrante aromaticità delle erbe che entrano nella composizione della ricetta, orientano la scelta verso un vino bianco giovane, secco, dal bouquet abbastanza intenso, fragrante, leggermente aromatico e dai sentori erbacei, floreali e fruttati, molto fresco di acidità, moderatamente morbido e caldo di alcol, di media struttura, quale l'Alto Adige Veltliner, il Colli Bolognesi Sauvignon o il Menfi bianco Feudo dei Fiori.

ESECUZIONE

1. Cuocere la zucca in forno e poi passarla al setaccio.
2. Far bollire 4-5 litri d'acqua con sale, il mazzetto di erbe ed il vino. Dopo almeno 5 minuti di bollitura gettarvi i gamberi e cuocerli per 3 minuti. Scolarli, raffreddarli sotto l'acqua fresca e sgusciarli.
3. Saltare le foglie di spinaci a crudo con olio, burro e sale. Scolarle e serbarle al caldo.
4. Mescolare energicamente con la frusta la panna, la purea di zucca, i rossi d'uovo, il concentrato di pomodoro, il sale e il pepe. Cuocere questa crema su fuoco dolce, in casseruola con fondo spesso, sempre mescolando con una paletta di legno, fintanto che questa s'addensa.
5. Disporre il composto in un piatto da forno. Adagiarvi sopra le code e le foglie di spinaci in bell'ordine. Far gratinare sotto la salamandra per un paio di minuti, fintanto che non avranno preso un bel colore dorato.

PER PORZIONE:
533 Calorie - fibra 1,10 g

Nota: *Le code dei gamberi risulteranno quasi del tutto "affondate" nel composto, mentre gli spinaci resteranno in superficie, creando così un bell'effetto cromatico.*

Schiuma di zucca Ippolito Cavalcanti

*800 g di zucca, 80 g di pane ammorbidito nel latte,
20 g di pane grattugiato, 4 uova,
100 g di provola dolce grattugiata.*

*Per la salsa:
70 g di fontina, 1 rosso d'uovo, 1 dl di latte,
1 ciuffo di prezzemolo.*

INGREDIENTI PER 4 PERSONE

VINI - Ricetta molto piacevole in cui la tendenza dolce prevale nettamente sulle altre sensazioni, a causa della particolare tipologia dei suoi ingredienti. Occorrerà quindi scegliere un vino rosso giovane e leggero, con bouquet abbastanza intenso, fruttato e floreale, molto fresco di acidità e leggermente tannico, morbido e caldo di alcol, quale il Friuli-Grave Merlot o il Cilento rosso.

ESECUZIONE

1. Cuocere la zucca in forno a 180°, finché diventa morbida.
2. Passarla al setaccio fine.
3. Unire il pane ammorbidito nel latte, la provola grattugiata e i rossi d'uovo, quindi salare.
4. Montare a neve ferma gli albumi ed unirli al composto con delicatezza.
5. Imburrare uno stampo, cospargerlo di pane grattugiato, riempirlo a metà e cuocere a bagnomaria in forno per 20-25 minuti a 180°.
6. Per la salsa: sciogliere su fuoco dolce la fontina nel latte e, quando la salsa è tiepida, aggiungervi il rosso d'uovo e il prezzemolo finemente tritato.
7. Disporre la salsa a specchio in un piatto e sopra di essa la schiuma di zucca, tolta dallo stampo.

PER PORZIONE:
324 Calorie - fibra 1,6 g

Nota: *Questa ricetta è tratta da "Cucina teorico pratica" di Ippolito Cavalcanti, Duca di Buonvicino, che nell'Ottocento, negli anni della sua permanenza alla corte napoletana, ordinò e sistemò le ricette della cucina del Sud. Il Cavalcanti propone questa ricetta anche in una versione dolce, con l'aggiunta di zucchero e senza ovviamente il formaggio.*

Zucca fritta alla siciliana

*800 g di zucca pulita, 1 bicchiere di olio,
1 spicchio di aglio,
1/2 bicchiere di aceto,
sale, una ventina di olive nere siciliane,
menta fresca per guarnire.*

INGREDIENTI PER 4 PERSONE

VINI - L'accentuata saporosità di questa preparazione viene data dai numerosi ingredienti, in particolare dall'olio e dall'aceto armoniosamente integrati alla tendenza dolce della zucca. Il vino in abbinamento dovrà essere bianco, giovane, secco, ma morbido, eventualmente poco frizzante, con bouquet abbastanza intenso e fruttato, abbastanza fresco di acidità e giustamente caldo di alcol, quale il Colli Berici Garganega o il Soave frizzante.

ESECUZIONE

1. Tagliare la zucca a pezzi e metterli a bagno in acqua salata per un paio di ore.
2. Dopo averli scolati e asciugati, friggerli in olio bollente. Tirarli fuori dalla padella e metterli da parte.
3. Aggiungere l'aglio nell'olio rimasto e soffriggerlo. Quando questo sarà rosolato, rimettere la zucca nella padella e lasciarla insaporire un po'. Aggiungere l'aceto. Coprire il tegame e lasciare insaporire per circa 5 minuti.
4. A piacere si possono unire le olive nere siciliane che vanno soffritte e aggiunte alla zucca, e della menta fresca quando la zucca è pronta da portare in tavola.

PER PORZIONE:
101 Calorie - fibra 2 g

Zucca in carpione

800 g di zucca, 6 spicchi d'aglio,
4 cucchiai di prezzemolo,
sale, farina,
olio d'arachidi per friggere.

INGREDIENTI PER 4 PERSONE

VINI - Questa particolare e curiosa preparazione che viene servita in apertura di pranzo, presenta sensazioni gusto-olfattive abbastanza equilibrate tra loro. Il vino in abbinamento dovrà essere bianco e poco strutturato, giovane, con bouquet fruttato, morbido e poco caldo di alcol, quale l'Oltrepò Pavese Cortese o il Bianco Vergine Valdichiana.

ESECUZIONE

1. Tagliare la zucca a listarelle. Salarla e tenerla per 2-3 ore in uno scolapasta premuta da un peso in modo che perda l'acqua.
2. Scaldare abbondante olio d'arachidi in una padella.
3. Infarinare la zucca, scuoterla per togliere la farina in eccesso e poi friggerla nell'olio. Farla dorare da entrambi i lati e scolarla bene su carta assorbente per far perdere l'unto in eccesso.
4. Tritare finemente l'aglio con il prezzemolo, mescolare all'aceto.
5. Sistemare la zucca fritta in un piatto ovale che la contenga e irrorare la salsa di aceto con aglio e prezzemolo, in modo uniforme.
6. Lasciar marinare per almeno 4-6 ore, servirla fredda o tiepida, come antipasto o come contorno.

PER PORZIONE:
82 Calorie - fibra 1,3 g

Tortino di zucca

ALLA QUISTELLESE

4 fette di zucca sottili di circa 40 g l'una,
300 g di parmigiano reggiano a scaglie,
50 g di burro fresco,
1/2 bicchiere di olio da frittura e vino cotto.

INGREDIENTI PER 4 PERSONE

VINI - La semplice, ma gustosa ricetta, i cui sapori risultano ben equilibrati tra di loro, richiede in abbinamento un vino bianco giovane e secco, moderatamente strutturato, dal bouquet abbastanza intenso, fruttato e floreale, fresco di acidità e abbastanza caldo di alcol, quale il Lugana o il Lison-Pramaggiore Verduzzo.

ESECUZIONE

1. Friggere le fette di zucca in abbondante olio caldo e scolarle su carta assorbente.
2. Formare un tortino con le fette di zucca fritta, le scaglie di grana e qualche fiocco di burro. Disporlo su una placca da forno.
3. Mettere nel forno a 120° per 7 minuti a dorare.
4. Servire come antipasto, ben caldo con vino cotto a piacimento.

PER PORZIONE:
397 Calorie - fibra 0,3 g

Antipasti — Ezio Santin

Tortino di zucca

E TARTUFI NERI

*150 g di pasta phillo (o cinese), 300 g di polpa di zucca,
3 cucchiai di parmigiano grattugiato,
1 cucchiaio e mezzo di noci tritate,
2 cucchiaini di scalogno tritato, 7 g di burro,
1 tartufo nero, 1/2 mestolo di brodo, sale e pepe,
olio extra vergine di oliva e prezzemolo per guarnire.*

INGREDIENTI PER 6 PERSONE

VINI - Delicatissima sinfonia di sapori in cui nessuno degli ingredienti prevale sull'altro, pur mantenendo la caratteristica tendenza dolce di base. Il vino dovrà essere di altrettanta struttura ed eleganza, bianco, giovane e secco, con bouquet abbastanza intenso e sentori floreali e fruttati, giustamente fresco di acidità, morbido e moderatamente caldo di alcol, quale il Terlano Pinot Grigio o il Biancolella d'Ischia.

ESECUZIONE

1. Stendere sottilmente la pasta phillo e ricavarne 24 dischi di eguale misura. Sistemarli su una placca da forno, coperti con qualcosa che li schiacci e farli cuocere in forno a 120-130° per un quarto d'ora circa, fino a che diventino dorati e croccanti.

2. Cuocere in forno ventilato (o a microonde) la zucca, finché diventa morbida. Coprirla eventualmente con carta da forno perché non secchi in superficie.

3. Passare la zucca al passaverdura, aggiungere il parmigiano grattugiato.

4. In un padellino, sciogliere il burro, farvi appassire lo scalogno tritato, quindi aggiungere il tartufo nero, anch'esso tritato. Bagnare con il brodo, far restringere, e aggiungere la salsina ottenuta alla polpa di zucca. Sistemare di sale e pepe e unire le noci tritate grossolanamente.

5. Montare il tortino, mettendo alla base un disco di pasta, una cucchiaiata di zucca, un altro disco e così via fino ad avere quattro dischi di pasta e tre strati di farcia. Sistemare ogni tortino in un piatto, irrorare con un goccio di olio extra vergine di oliva, guarnire con qualche fogliolina di prezzemolo e servire tiepido.

PER PORZIONE:
198 Calorie - fibra 0,9 g

Zucca marinata

1 fetta di zucca pulita dalla buccia e dai semi da 600 g, 3 cucchiai di olio extra vergine di oliva, 10 g di sale grosso, pepe nero, 4 foglie di alloro secco, 2 foglie di menta piperita.

Per la marinatura:
150 ml di vino rosso, 100 ml di aceto di vino,
2 cucchiai di zucchero.

INGREDIENTI PER 6 PERSONE

VINI - La forte presenza dell'aceto e delle foglie di menta piperita, suggeriscono di non abbinare alcun vino a questa preparazione. Tuttavia, per non lasciare gli ospiti privi di vino si potrebbe eventualmente abbinare lo stesso vino dell'aperitivo, purché la sua caratteristica principale non sia quella di intensa freschezza all'acidità.

ESECUZIONE

1. Tagliare la zucca a pezzi il più possibile regolari e della stessa grandezza e farli friggere in una padella antiaderente nell'olio extra vergine di oliva, avendo cura di girarli e rigirarli affinché la cottura risulti perfetta. Salare, pepare e continuare a cuocere per alcuni minuti a fuoco moderato finché si sarà formata una pellicina dorata.
2. Scolare la zucca per qualche istante su carta assorbente, poi metterla in una pirofila e disporvi sopra le foglie di alloro e menta (o basilico).
3. In una casseruola unire il vino bianco allo zucchero e all'aceto, portare ad ebollizione e versare sulla zucca, chiudere ermeticamente la pirofila e lasciare riposare per almeno tre ore.
4. Servire condita con olio di oliva.

PER PORZIONE:
126 Calorie - fibra 0,8 g

Antipasto

Zucca alla murgese

*1 kg di zucca, 1 kg di funghi (cardoncelli della Murgia barese),
1 dl di olio extra vergine d'oliva,
2 spicchi d'aglio schiacciato,
sale e pepe, origano e prezzemolo.*

INGREDIENTI PER 6 PERSONE

VINI - I limitati ingredienti che compongono questa semplice ricetta, conferiscono alla preparazione un gusto rustico-genuino molto gradevole, dalle tendenze dolci-aromatiche, al quale occorre abbinare un vino bianco non troppo giovane e secco, ma di buona struttura, con bouquet abbastanza intenso, fruttato, morbido, fresco di acidità e giustamente caldo di alcol, quale il Castel Monte bianco o il Montecarlo bianco.

ESECUZIONE

1. Pelare e tagliare la zucca a dadi, pulire e tagliare i cardoncelli a fettine piuttosto alte.
2. In un tegame porre aglio e olio, e appena dorato l'aglio, aggiungere la zucca e i cardoncelli. Gustare con sale e pepe, e far cuocere il tutto per circa 20 minuti.
3. A cottura ultimata aggiungere un trito composto da prezzemolo, origano e una punta d'aglio.

Nota: *Questa ricetta è indicata anche come piatto di mezzo. Con l'aggiunta di 300 g di pomodorini al filo, si può condire ogni tipo di pasta di grano duro.*

PER PORZIONE:
183 Calorie - fibra 4,3 g

Cresc Tajat

CON CONIGLIO, POMODORO E ZUCCA SPINOSA*

Per la salsa:
2 cosce di coniglio, 4 pomodorini rossi,
10 foglie di basilico, 1 scalogno,
1 dl d'olio di frantoio del trionfo di Cartoceto,
400 g di zucca spinosa.

Per le "cresc tajat" (cresce tagliate):
80 g di polenta,
160 g di farina di frumento,
acqua, 1 cucchiaio di parmigiano.

INGREDIENTI PER 4 PERSONE

VINI - Questa gustosa ed equilibrata preparazione, nella quale viene raggiunta una mirabile armonia gusto-olfattivo, per il sapiente accostamento e l'equilibrata dosatura degli ingredienti, necessita di un vino rosso, giovane, di buona struttura, con bouquet abbastanza intenso e fruttato, poco tannico, morbido e giustamente caldo di alcol, quale il Teroldego Rotaliano o l'Oltrepò Pavese Pinot Nero.

ESECUZIONE

1. Pelare a vivo i pomodori, disossare e svenare le cosce dei conigli, nettare la zucca spinosa e tagliare il tutto a dadini.

2. Far rosolare in una padella antiaderente lo scalogno tritato, aggiungere il coniglio, il pomodoro e la zucca spinosa tagliati a dadini, salare e pelare; a fine cottura aggiungere basilico tritato finemente.

3. Impastare la polenta con la farina, stendere l'impasto ottenuto in tante "cresce", sovrapporle e tagliarle.

4. Cuocere le "cresc tajat" in acqua bollente salata, saltarle in padella con la salsa, spolverare di parmigiano e servire calde. Guarnire con foglioline di basilico.

* *Si tratta di una zucca rotonda e delle dimensioni di un'arancia che presenta sulla buccia, di colore verde, dei filamenti. Si utilizza l'interno che ha polpa di colore biancastro.*

PER PORZIONE:
453 Calorie - fibra 4,1 g

Tortelli di zucca e patate

ALLA LASTRA

100 g di patate, 100 g di zucca, 3 g di aglio, 40 g di pancetta di maiale, 2 uova, 40 g di parmigiano.

Per la pasta:
400 g di farina, sale, acqua.

INGREDIENTI PER 4 PERSONE

VINI - Questa preparazione si caratterizza per la sua intensa tendenza dolce e per una discreta aromaticità conferita dall'aglio e dalla pancetta. Occorre quindi abbinare un vino bianco maturo, con bouquet in evoluzione, fruttato, ancora fresco di acidità, abbastanza morbido, caldo di alcol e di medio corpo, quale il Roero Arneis o il Colli Bolognesi Chardonnay.

ESECUZIONE

1. Lessare le patate e, dopo averle sbucciate, passarle nel passaverdura.
2. Pulire la zucca, tagliarla a pezzetti e cuocerla in forno a 180° fino a che sia morbida. Passare anche questa nel passaverdura.
2. Nel frattempo, tritare finemente l'aglio e la pancetta e farli rosolare.
3. Unire alle patate e alla zucca il sale, il parmigiano, le uova e il soffritto di aglio e pancetta.
4. Fare una sfoglia con 400 g di farina e acqua.
5. Con la farcia preparata, riempire dei grandi tortelli di circa 10 cm per lato, saldando bene la pasta sui bordi.
6. Porre sul fuoco una lastra di pietra o di terracotta e quando questa sarà calda, cuocervi i tortelli come se fossero piadine. In alternativa possono essere cotti sulla piastra della stufa. Servirli caldi.

PER PORZIONE:
526 Calorie - fibra 4,9 g

Primi Piatti — Roberto Ferrari

Minestra di zucca

CON MANDORLE TOSTATE

*800 g di zucca pulita, 50 g di burro,
2 cipolle, 1 bicchiere di panna fresca,
4 cucchiai di mandorle tostate sfilettate,
1 tuorlo, 1,5 l di brodo di cappone (oppure gallina),
sale e pepe.*

INGREDIENTI PER 4 PERSONE

VINI - Delicata e piacevole minestra legata alla tradizione mantovana, le cui sensazioni gusto-olfattive hanno una decisa prevalenza verso la tendenza dolce. Il vino in abbinamento dovrà essere bianco, leggero di struttura, con bouquet abbastanza intenso e floreale, morbido, fresco di acidità e appena caldo di alcol, quale il Tocai di San Martino della Battaglia o il Trentino Pinot bianco.

ESECUZIONE

1. Sciogliere il burro, aggiungere le cipolle tagliate finemente. Lasciare cuocere a fuoco basso.
2. Quando queste saranno appassite, unire la zucca tagliata a bastoncini insieme al sale ed al pepe. Insaporire a fuoco lento per alcuni minuti, indi bagnare con il brodo bollente fino a ottenere la densità voluta, cuocere per 25-30 minuti a fuoco lento e passare il tutto nel frullatore.
3. Rimettere sul fuoco e far bollire (se la minestra risultasse troppo densa aggiungere altro brodo).
4. Tolta la minestra dal fuoco, legarla con il tuorlo diluito con la panna e servirla dopo averla cosparsa con le mandorle sfilettate e tostate.

PER PORZIONE:
453 Calorie - fibra 3,2 g

Lasagnette di zucca

CON SCALOPPINE DI FOIE GRAS

---

400 g di pasta all'uovo fresca, 500 g di zucca cotta in forno e passata al setaccio, 500 g di foie gras d'oca, 3 tuorli d'uovo, 1 dl vino bianco, 30 ml di aceto al dragoncello, 70 g di parmigiano grattugiato, 50 g di burro fuso, 30 g di amaretti sbriciolati, timo, cerfoglio, maggiorana fresca in foglie.

INGREDIENTI PER 10 PERSONE

VINI - L'equilibrio gusto-olfattivo di questa innovativa preparazione, orienta la scelta su di un vino bianco, giovane, secco, con bouquet abbastanza intenso, fragrante e floreale, morbido, fresco di acidità, caldo di alcol, quale il Terlano Pinot Bianco o l'Orvieto classico.

PER PORZIONE:
333 Calorie - fibra 1,9 g

ESECUZIONE

1. Stendere la pasta all'uovo con l'apposita macchina, tagliarla a dischi di circa cm 12 di diametro, cuocerli in acqua bollente salata, raffreddarli in acqua fredda, scolarli e stenderli su un canovaccio pulito.
2. In un polsonetto versare il vino bianco, l'aceto di dragoncello e i tuorli d'uovo, metà del parmigiano e quindi montare il tutto come se si trattasse di uno zabaione, a bagnomaria a fuoco dolce.
3. Scaldare la zucca passata e ben asciugata da eventuale eccesso d'acqua, frullarla nel cutter e unire lo zabaione preparato.
4. Tagliare il foie gras d'oca a scaloppine alte circa 3-4 mm, infarinarle, salarle e peparle. Cuocerle in una padella antiaderente molto calda, rosolandole appena da ambo i lati, toglierle dal fuoco e asciugarle dal grasso di cottura su di un foglio di carta assorbente.
5. Imburrare 10 stampi dello stesso diametro dei dischi di pasta, stendervi un primo disco, coprire con uno strato di crema di zucca, adagiarvi sopra una scaloppina di foie gras e un po' di parmigiano grattugiato, completare le lasagnette con altri tre strati, terminando con uno di pasta.
6. Rigirare le lasagnette e disporle su una placca imburrata, spolverare di parmigiano grattugiato e di amaretto sbriciolato, far scaldare in forno per dieci minuti e poi gratinare sotto il grill per 3 minuti.
7. Disporre le lasagne in piatti singoli e decorare con erbette fresche in foglie e, a piacere, sovrapporre una leggera grattata di tartufi bianchi d'Alba.

Primi Piatti

Gnocchetti di patata e zucca

CON RAGÙ DI PESCE

Per gli gnocchi:
1 kg di patate, 150 g di farina, 1 uovo,
1 pizzico di noce moscata, sale.

Per il ripieno:
300 g di zucca gialla pulita, sale.

Per il ragù di pesce:
1 sogliola, 100 g di gamberi, 150 g di dentice,
150 g di scampi, 1 pomodoro maturo, 1 scalogno,
1 ciuffetto di prezzemolo, 1/2 calice di vino bianco secco,
100 g di burro, 50 g di tartufo nero.

INGREDIENTI PER 6 PERSONE

VINI - Il ragù di pesce, che presenta variegate sensazioni gusto-olfattive, si contrappone perfettamente all'intensa tendenza dolce della zucca e della patata, ricreando equilibrio e gradevolezza alla preparazione. Il vino in abbinamento dovrà essere bianco, secco e di buona struttura, con bouquet in evoluzione, fruttato e floreale, molto fresco di acidità, morbido e caldo di alcol, quale il Colli Orientali del Friuli Ribolla gialla o il Frascati superiore.

ESECUZIONE

1. Lessare le patate e passarle finemente, unire l'uovo, la farina, la noce moscata e il sale; impastare il tutto e formare una sfoglia alta circa 1/2 cm. Con l'aiuto di un bicchiere formare dei dischi.

2. Cuocere la zucca in forno; frullarla e aggiustare di sale. Tenerne da parte un quarto e suddividere ciò che rimane su metà dei dischi di patate.

3. Coprire con altri dischi di patata e chiudere i bordi.

4. Preparare il ragù: pulire e diliscare il pesce, tagliarlo a pezzetti e farlo saltare in padella con 50 g di burro e lo scalogno tritato, aggiustare di sale, bagnare col vino, far evaporare, aggiungere il prezzemolo tritato e il pomodoro tagliato a cubetti; mantenere al caldo.

5. Cuocere gli gnocchi in abbondante acqua salata, saltarli in padella con il burro rimasto.

6. Velare leggermente i piatti ben caldi con la salsa di zucca rimasta, disporre gli gnocchi con al centro il ragù di pesce. Decorare con il tartufo nero tagliato a bastoncini e il prezzemolo.

PER PORZIONE:
448 Calorie - fibra 7,3 g

Crema di zucca

AGLI AMARETTI

*700 g di zucca pulita,
60 g di scalogno, 60 g di burro, 2 dl di brodo di pollo,
8 dl di panna liquida,
4 g di sale fine, 10 g di zucchero, 16 amaretti.*

INGREDIENTI PER 8 PERSONE

VINI - Delicatissima preparazione in cui l'equilibrata fusione dei sapori e degli aromi post-gustativi, indirizzano la scelta di un vino bianco giovane, secco ed aromatico, con bouquet fruttato dai sentori di frutta gialla matura, frutta secca e spezie, fresco di acidità, di corpo, morbido e caldo di alcol, quale il Trentino Traminer Aromatico o il Fiovano Semillon.

ESECUZIONE

1. Tritare lo scalogno e tagliare a dadi la zucca.
2. Far sciogliere in una casseruola 40 g di burro e far appassire lo scalogno.
3. Unire i dadini di zucca, farli asciugare, aggiungere il brodo caldo e far cuocere fino a quando la zucca risulterà morbida.
4. Passare la zucca al passaverdura, versandola in un'altra casseruola. Unire lo zucchero, il sale, la panna e rimettere sul fuoco fino all'ebollizione. Incorporare il burro rimasto e mescolare.
5. Servire la crema in piatti fondi caldi con 2 amaretti per porzione.

PER PORZIONE:
439 Calorie - fibra 1,4 g

Crema di zucca

MANDORLE E ARANCE

800 g di zucca mondata, 100 g di mandorle pelate e ridotte in polvere, 2 tuorli, 2 dl di latte, 2 dl di brodo di manzo e gallina, sale, 5 arance spremute.

INGREDIENTI PER 4 PERSONE

VINI - Oltre alla intensa tendenza dolce conferita dall'ingrediente base, la zucca, e dalle mandorle, questa preparazione presenta un gusto decisamente aromatico ed una leggera sensazione grassa. Il vino in abbinamento dovrà essere giovane, secco, ma giustamente morbido, con bouquet fruttato e floreale, molto fresco di acidità, moderatamente caldo di alcol, quale il Regaleali bianco o il Breganze Vespaiolo.

ESECUZIONE

1. Cuocere al forno la zucca e lasciarla poi raffreddare, quindi passarla con il passaverdura e porla in un tegame.
2. Aggiungere le mandorle polverizzate, i tuorli d'uovo, la spremuta di arance e battere il tutto con la frusta, a freddo.
3. Mettere quindi al fuoco, continuando a girare con la frusta e aggiungere gradatamente il latte e il brodo. Alla fine risulterà una crema vellutata.
4. Servirla in fondine preriscaldate.

PER PORZIONE:
227 Calorie - fibra 4,6 g

Caramella di radicchio e ricotta

CON SALSA DI ZUCCA

Per la pasta:
200 g di farina, 50 g di burro, 50 ml di acqua,
2 tuorli, sale e pepe.

Per il ripieno:
1 cipolla piccola, 150 g di radicchio rosso di Treviso,
100 g di ricotta fresca, 1 tuorlo, 50 g di parmigiano,
1/2 bicchiere di vino rosso, sale e pepe.

Per la salsa:
200 g di zucca santa, 1 dl di olio d'oliva toscano,
pepe bianco e sale.

INGREDIENTI PER 4 PERSONE

VINI - Pur essendo la zucca componente della salsa in accompagnamento alla pasta farcita, la sua tendenza, l'equilibrio gusto-olfattivo viene conferito dagli altri ingredienti, quali il radicchio - che è leggermente amarognolo -, l'olio di oliva, per la succulenza ed una debole sensazione di untuosità ed il pepe. Il vino in abbinamento dovrà essere bianco, secco, di un paio d'anni, con bouquet in evoluzione e dai sentori fruttati e floreali, fresco di acidità, morbido e caldo di alcol, quale il Regaleali Nozze d'Oro o il Collio Tocai.

ESECUZIONE

1. Preparare la pasta amalgamando tutti gli ingredienti, fino a quando il composto risulterà compatto; lasciarlo riposare per 30 minuti.
2. Tritare finemente una cipolla piccola, cuocerla in padella con olio, finché sarà appassita, ma non rosolata.
3. Mondare e lavare il radicchio, tagliarlo a fettine e cuocerlo nel fondo di cipolla; bagnare con del vino rosso e ultimare la cottura. Aggiungere la ricotta, il parmigiano, il tuorlo, salare e pepare.
4. Tirare la pasta in piccole sfoglie rettangolari della misura di 8 x 12 cm circa. Disporvi il ripieno e avvolgere, chiudendo a caramella.
5. Cuocere le caramelle in forno già caldo per 8-10 minuti a 180°.
6. Preparare la salsa facendo sbollentare la zucca per alcuni minuti, quindi scolarla. Metterla in un mixer, aggiungere l'olio, il sale e il pepe e frullare (se risultasse troppo densa, aggiungere un goccio d'acqua).
7. Mettere la salsa nel piatto, adagiarvi la caramella e guarnire a piacere. Servire caldo.

PER PORZIONE:
163 Calorie - fibra 0,8 g

Pasta e zucca

*300 g di zucca pulita, 2 spicchi di aglio,
1 peperoncino forte medio, 1 dl di olio extra vergine,
prezzemolo, basilico, sale,
400 g di pasta mista o spaghetti rotti a pezzetti.*

INGREDIENTI PER 4 PERSONE

VINI - La semplicità di questa ricetta mette in evidenza i gradevoli gusti dei suoi ingredienti, valorizzandoli in un apprezzabile equilibrio gusto-olfattivo. Il vino in abbinamento dovrà essere bianco, giovane, secco, ma morbido, con bouquet fruttato e floreale, abbastanza morbido e caldo di alcol, quale il Colli Piacentini Ortrugo o il Pomino bianco.

ESECUZIONE

1. Soffriggere in una pentola l'aglio schiacciato e l'olio. Quando l'aglio risulterà ben dorato aggiungere la zucca tagliata a cubetti, regolare la fiamma non molto alta e soffriggere per qualche istante la zucca. A questo punto aggiungere il peperoncino, coprire la pentola rimestando di tanto in tanto.

2. Dopo 6-7 minuti aggiungere il sale e, se la zucca non ha rilasciato sufficiente acqua, aggiungerne un bicchiere. Dopo altri 7-8 minuti controllare il sale e togliere dalla fiamma, tenendo in caldo la pentola.

3. Nel frattempo cuocere la pasta in acqua salata e, dopo averla scolata, mescolarla al condimento e servirla calda.

PER PORZIONE:
564 Calorie - fibra 3,5 g

Nota: *Le zucche ischitane si prestano bene a questa ricetta, poiché sono acquose e filamentose.*

Crema di zucca

CON BIGNOLINE FARCITE

Per la crema di zucca:
250 g di polpa di zucca, 150 g di porri, 250 ml di panna fresca,
250 g di patate, 1 tuorlo, sale, brodo vegetale,
olio extra vergine d'oliva.

Per le bignoline:
250 ml d'acqua, 60 g di burro,
125 g di farina, 3 uova, besciamella (20 g di farina, 20 g di burro,
200 ml di latte), un pugno di spinaci, 50 g di grana.

INGREDIENTI PER 4 PERSONE

VINI - Preparazione in cui prevale con fermezza, una notevole intensità verso la tendenza dolce della zucca e di alcuni ingredienti tra i quali la besciamella, le uova e le patate. Per l'abbinamento occorrerà scegliere un vino bianco giovane e secco, di buona aromaticità al bouquet, soprattutto molto fresco di acidità, abbastanza morbido e caldo di alcol, quale l'Aquileia-Traminer Aromatico o il Solopaca Falanghina.

ESECUZIONE

1. Tagliare a tocchetti la zucca, le patate ed i porri, disporli in una casseruola, coprirli con il brodo, salare e cuocere per mezz'ora.

2. Passare le verdure al frullatore e poi allo chinois, diluendo, se necessario, con altro brodo; condire con un po' d'olio e unire la panna. Tenere da parte.

3. Per le bignoline: far bollire l'acqua con un pizzico di sale ed il burro, versare la farina tutta in una volta e mescolare vigorosamente con un cucchiaio di legno finché i grumi si sciolgono.

4. Fare intiepidire e unire le uova, una alla volta, amalgamandole via via al composto.

5. Aiutandosi con un tasca da pasticciere, depositare un po' distanziati i bignè sulla placca da forno, foderata con carta da forno. Infornare a 180° per circa 30 minuti.

6. Per farcire le bignoline, preparare una besciamella piuttosto densa, aggiungere del grana, dividere il composto in due, e in una parte aggiungere gli spinaci cotti, strizzati e passati al setaccio. Con l'aiuto di una siringa da pasticcere farcire le bignoline con i due diversi composti.

7. Servire la crema di zucca con quattro bignoline per ciascuno, due per tipo.

PER PORZIONE:
651 Calorie - fibra 3,5 g

Risotto con zucca gialla

FONDUTA E TARTUFO D'ALBA

*500 g di zucca gialla tagliata a dadini,
1 cipolla bianca tritata, 100 g di burro,
300 g di fonduta di formaggi,
300 g di riso Arborio, 1 tartufo d'Alba,
brodo vegetale, vino bianco.*

INGREDIENTI PER 4 PERSONE

VINI - Invitante e gustosa preparazione autunnale in cui sono stimolate tutte le sensazioni gusto-olfattive in un piacevole ed armonioso equilibrio. Occorre scegliere un vino rosso, giovane, con bouquet molto intenso, fruttato e floreale, leggermente tannico, fresco di acidità, morbido e moderatamente caldo di alcol, quale il Barbera d'Alba o il Colli Morenici Mantovani del Garda rosso.

ESECUZIONE

1. Tritare la cipolla e soffriggerla in metà burro, unire la zucca a dadini e far cuocere a fuoco lento per qualche minuto; unire quindi il riso, tostare un poco, bagnare col vino bianco e far consumare.
2. Proseguire la cottura aggiungendo poco alla volta il brodo ben caldo.
3. Quando il riso è cotto, spegnere il fuoco e mantecare con il burro rimanente.
4. Versare sul vassoio di portata, ricoprire con un velo di fonduta e tartufo.

PER PORZIONE:
772 Calorie - fibra 3,5 g

Primi Piatti

Zuppa gratinata di zucca

E FORMAGGIO DI MALGA

---

*1 zucca di forma rotonda da 3 kg, 4 porri,
4 dl di brodo vegetale, 2 dl di panna,
300 g di formaggio di malga,
8 fette di pane casereccio,
sale, pepe e olio.*

INGREDIENTI PER 6 PERSONE

VINI - Piatto gustoso ed invitante, le cui sensazioni dominanti sono caratterizzate dalla sensazione dolce, conferita dalla quasi totalità degli ingredienti e dalla delicata aromaticità di alcuni di questi. Il vino in abbinamento dovrà essere bianco, di buona struttura, secco, con bouquet evoluto, dai sentori fruttati e floreali, fresco di acidità, morbido e caldo di alcol, quale il Breganze Pinot Grigio o il Greco di Tufo.

ESECUZIONE

1. Tagliare la calotta superiore alla zucca. Togliere i semi ed i filamenti e, con l'aiuto di un coltello, svuotarla con precauzione in modo da mantenere intatta la buccia. Tenere da parte la polpa (circa 1,2 kg).
2. Pelare e lavare i porri, tagliarli finemente e farli sudare alcuni minuti, in un tegame con un goccio d'olio.
3. Tagliare la polpa della zucca a grossi dadi, salarli e peparli e metterli in forno a 180° con un filo d'olio per 20 minuti circa.
4. Quando la zucca si è ammorbidita, frullarla insieme ai porri.
5. Mettere l'impasto ottenuto in un tegame con il brodo vegetale, portare a bollore e cuocere per 15 minuti a fuoco moderato; a fuoco spento aggiungere la panna.
6. Tagliare a lamelle sottili il formaggio di malga e tostare le fette di pane.
7. Appoggiare la zucca svuotata su una teglia da forno; sul fondo mettere il formaggio di malga e 4 fette di pane grigliato, aggiungere la zuppa di zucca e fare un altro strato finendo con il formaggio.
8. Infornare per 20 minuti a 180°, infine passare al grill per pochi minuti.
9. Servire ben calda portando in tavola la zucca intera.

PER PORZIONE:
585 Calorie - fibra 6,9 g

Tortelli di zucca

CON SALMÌ LEGGERO DI LEPRE

400 g di polpa di zucca gialla, 20 g di parmigiano reggiano,
2 dl di olio extra vergine d'oliva, sale e pepe.

Per la pasta:
2 uova, 250 g di farina, 10 ml d'olio, sale.

Per il salmì:
1 coscia di lepre, 50 g di cipolla, 40 g di porri, 20 g di carote,
20 g di sedano, 1/2 foglia di alloro, 2 chiodi di garofano,
1 pezzetto di cannella, 10 g di pepe nero, 1 pomodoro maturo,
1/2 l di vino rosso, 1 dl di olio extra vergine d'oliva, sale e pepe.

INGREDIENTI PER 4 PERSONE

VINI - In questa ricetta, la zucca è un elemento di contorno che non può condizionare la scelta del vino, ma va tenuta in debita considerazione in quanto il suo gusto a tendenza dolce, che ben si amalgama all'acido-speziato del salmì, riporta la preparazione ad un gradevole equilibrio gusto-olfattivo. Il vino in abbinamento potrà essere rosso, non troppo giovane, secco e di buona struttura, con bouquet molto intenso e fruttato, morbido, leggermente tannico, fresco di acidità e piuttoto caldo di alcol, quale il Franciacorta rosso o il Colli Piacentini Cabernet Sauvignon.

ESECUZIONE

1. Far macerare la lepre con il vino e tutti gli altri ingredienti, escluso il pomodoro, per una notte.

2. Cuocere la polpa di zucca con sale, pepe e olio d'oliva in forno, passarla al setaccio, riunirla in una bacinella, aggiungere il parmigiano, l'olio e aggiustare di sale e pepe.

3. Impastare e tirare la pasta; con il ripieno di zucca preparare dei tortelli da conservare in frigorifero.

4. Scolare la lepre e gli odori. Far rosolare gli odori in olio d'oliva, rosolare separatamente anche la coscia, unirla agli odori, aggiungere il pomodoro e il vino. Portare ad ebollizione, schiumare le impurità e lasciar cuocere per circa 40 minuti.

5. Prendere la coscia di lepre, spolparla e tagliarla a cubetti. Passare tutte le verdure al passaverdure, aggiustare di sapore ed unire al composto.

6. Cuocere i tortelli in acqua salata ed amalgamarli con la salsa di lepre. Servire.

PER PORZIONE:
1080 Calorie - fibra 3,1 g

Minestra di zucca

CON RISO E TEGOLINA DI GRANA PADANO ALLA CANNELLA

500 g di zucca tagliata a dadi, 1 costa di sedano, 1 grossa patata, 2 carote, 1 cipolla, 2 spicchi d'aglio, 50 g di burro, 70 ml d'olio extra vergine d'oliva, 100 g di riso pilaf, sale e pepe, cannella, 1 o 2 mestoli di brodo di pollo, 20 g di grana grattugiato.

Per le tegoline:
40 g di grana grattugiato, cannella in polvere.

INGREDIENTI PER 4 PERSONE

VINI - Il fragrante sapore di questa minestra è caratterizzato da una discreta intensità della tendenza dolce conferita da quasi tutti gli ingredienti, ma anche da una gradevolissima sensazione aromatica ceduta dall'aglio e dalla cipolla. Il vino in abbinamento dovrà essere bianco, giovane e secco, con bouquet abbastanza intenso, fruttato e floreale, morbido e caldo di alcol, quale il Bianco di Custoza o l'Est! Est!!Est!!! di Montefiascone.

ESECUZIONE

1. Tagliare a pezzi le verdure, soffriggerle lentamente nell'olio e in metà burro.
2. Dopo una decina di minuti, aggiungere la zucca, farla brasare per alcuni minuti, salare e pepare, coprire con brodo di pollo, fare cuocere per un'ora e frullare il tutto.
3. Passare al setaccio, aggiungere il riso pilaf e fare riprendere il bollore. Legare e insaporire con il grana il rimanente burro, profumare con poca cannella.
4. Preparare le tegoline: in una bastardella o in un recipiente di vetro, mescolare il grana con poca cannella. Cospargere il formaggio a macchia in una padella posta sul fuoco. Quando il formaggio si sarà rappreso estrarre le tegole dalla padellina e dar loro la forma curva appoggiandole su un mattarello.
5. Servire la zuppa in piatti caldi, decorando con una tegolina.

PER PORZIONE:
564 Calorie - fibra 7,5 g

Rotolo di pasta

CON PATATE, ZUCCHE, OVOLI, IN SALSA DI ZUCCA, ACETO BALSAMICO E TARTUFI.

Per la pasta:
250 g di farina, 2 uova, tartufi.

Per la farcia:
200 g di patate, 10 foglie di spinaci, 200 g di zucca pulita,
150 g di ovoli, 1 spicchio d'aglio, 2 uova,
rosmarino e prezzemolo, 100 g di parmigiano.

Per la salsa di zucca:
200 g di zucca, 30 g di cipolla, 3 amaretti,
1 l di brodo, aceto balsamico, tartufo.

INGREDIENTI PER 4 PERSONE

VINI - Questa ricetta di moderna ispirazione, si presenta con gli ingredienti necessari per creare un armonioso equilibrio aromatico-gustativo, che deve proseguire con l'abbinamento di un vino bianco giovane e secco, appena morbido, con bouquet fruttato e floreale, fresco di acidità, abbastanza morbido e giustamente caldo di alcol, quale il Colli Bolognesi Riesling o il Garda Orientale Sauvignon.

PER PORZIONE:
577 Calorie - fibra 7,3 g

ESECUZIONE

1. Disporre la farina a fontana, unire le uova, lavorare velocemente fino a ottenere un impasto consistente. Lasciarlo riposare per 4 ore. Stendere la pasta ad uno spessore di 3 mm; tagliarla a rettangoli di 30 per 20 cm.

2. Cuocere le patate al vapore per 20 minuti, pelarle e passarle al setaccio, amalgamare il trito di erbe e le uova.

3. Cuocere 200 g di zucca al forno a 180° per 20 minuti. Passare la polpa al setaccio fine, salare e lasciare raffreddare.

4. Pulire bene gli ovoli, tagliarli a listarelle e rosolarli in padella con uno spicchio d'aglio; a fine cottura salare e spolverare con un po' di prezzemolo tritato. Sbollentare le foglie di spinaci.

5. Stendere i rettangoli di pasta, spalmarvi la purea di patate; stendervi sopra le foglie di spinaci; sopra di questi mettere la purea di zucca, al centro di tutto i funghi, spolverare infine di parmigiano e arrotolare. Avvolgere ogni rotolo in un canovaccio, legarlo alle estremità e cuocere a vapore in pentola a pressione per 20 minuti.

6. Raffreddare il rotolo. Togliere il canovaccio, passare il rotolo nel parmigiano, tagliarlo a tranci, e gratinarlo in salamandra (o sotto il grill).

7. Per la salsa di zucca: tritare la cipolla, rosolarla nel burro, aggiungere gli amaretti, la zucca tagliata a cubetti, coprire con il brodo, cuocere per 1 ora coperto a fuoco dolce, passare la salsa al colino fine.

8. Sistemare al centro del piatto la salsa, adagiarvi il trancio di rotolo, guarnire con tartufo e due gocce di aceto balsamico.

Risotto con la zucca
e Sangue di Giuda dell'Oltrepò pavese

320 g di riso superfino Carnaroli,
10 ml di vino bianco,
400 g di zucca gialla pulita e tagliata a cubetti,
15 g di pinoli, 5 g di zucchero semolato,
5 ml di aceto al vino rosso,
50 ml di olio extra vergine d'oliva,
1 l di brodo vegetale e/o di carni miste,
1/2 cipolla bianca pulita, 4 dl di vino Sangue di Giuda,
100 g di burro, 50 g di parmigiano reggiano.

INGREDIENTI PER 4 PERSONE

VINI - Curiosa quanto deliziosa interpretazione culinaria in cui la ricca ed equilibrata complessità gustativa è caratterizzata dall'intensa tendenza dolce, conferita dallo zucchero e dai pinoli oltre che dalla zucca. Il vino dovrà essere rosso, amabile o dolce ed eventualmente frizzante, con bouquet abbastanza intenso, fruttato, fresco di acidità, di buona morbidezza e giustamente caldo di alcol, quale l'Oltrepò pavese Sangue di Giuda o la Freisa di Chieri amabile.

ESECUZIONE:

1. In un capiente pentolino fare una riduzione del Sangue di Giuda (pari a 3/4 del suo volume iniziale).

2. A parte (in un pentolino di rame stagnato o, in uno sempre di rame, ma con la camicia interna di acciaio) mettere a fuoco lento l'olio extra vergine d'oliva, aggiungere lo zucchero e farlo caramellare per qualche minuto. A questo punto aggiungere la zucca a cubetti e i pinoli. Soffriggere il tutto per 4 o 5 minuti, quindi bagnare prima con l'aceto rosso e poi con il vino bianco, facendoli sfumare entrambi. Continuare dolcemente fino a metà cottura della zucca.

3. In un pentolino, simile al primo, porre il burro e rosolare il riso, bagnare con il vino bianco rimasto e fare evaporare molto bene. Bagnare a coprire il riso con il brodo. A 5 minuti dalla bollitura iniziale aggiungere la zucca.

4. Terminata la cottura del risotto (18 minuti circa) mantecare con il burro e parmigiano, tenendo il riso all'onda.

5. Disporre nel piatto, cospargere con la riduzione di Sangue di Giuda prima ottenuta, e servire.

PER PORZIONE:
760 Calorie - fibra 2 g

Passata di zucca e ricotta fresca

*500 g di zucca con la buccia, 100 g di ricotta fresca ovina,
10 fiori di zucca (usare solo i petali), 1 carota tritata,
1 cucchiaio di scalogno tritato,
1/2 bicchiere di Albana di Romagna amabile,
1 bicchiere circa di brodo di carni bianche,
1 cucchiaio di parmigiano reggiano grattugiato,
40 g di burro, noce moscata, sale.*

INGREDIENTI PER 4 PERSONE

VINI - La prevalente sensazione di tendenza dolce della preparazione, unitamente alla leggera sensazione di aromatico e di speziato si contrappongono in modo eccellente ad un vino bianco amabile, giovane, dal bouquet fruttato e floreale, giustamente fresco di acidità, molto morbido e caldo di alcol e di media struttura quale il Torgeltropfen dell'Alto Adige, l'Albana di Romagna amabile, il Tacelenghe di Buttrio, l'Orvieto abboccato o il Torricella Malvasia.

ESECUZIONE

1. Cuocere la zucca in forno preriscaldato a 180° per 20-25 minuti circa, fino a quando cioè non risulti un po' asciutta. Eliminare la buccia ed eventuali bruciature e tagliarla a fettine.
2. Appassire lo scalogno e la carota nel burro a fuoco moderato; unire i fiori di zucca tagliati a pezzi e la zucca. Cuocere per 10 minuti, bagnare con il vino e, a fuoco vivace, far evaporare, quindi togliere dal fuoco.
3. Passare al setaccio o al passaverdura (utilizzando un disco dai buchi piccoli). Unire la ricotta, amalgamare bene, aggiungere un poco di noce moscata, il parmigiano, il brodo fino a che non sia diventata una passata morbida; aggiustare di sale.
4. Scaldare il tutto a bagnomaria, fino a quando non sarà diventato ben caldo. Servire in vaschette calde.

PER PORZIONE:
169 Calorie - fibra 1,5 g

Gnocchetti integrali

CON FAGIOLI E CREMA DI ZUCCA

1 kg di patate farinose, 400 g di farina integrale, 500 g di fagioli borlotti freschi, 500 g di zucca, 2 cucchiai di olio extravergine di oliva, sale, salvia, 1 spicchio d'aglio, rosmarino, burro, 1/2 l di brodo vegetale, 1/2 l di latte.

INGREDIENTI PER 6 PERSONE

VINI - Piacevole e gustosa preparazione in cui prevalgono, in particolare, le sensazioni di tendenza dolce, di succulenza, di aromatico-speziato e di leggera untuosità. Il vino dovrà essere rosso e giovane, di media struttura, con bouquet abbastanza intenso, leggermente vinoso e fruttato, fresco di acidità, morbido, leggermente tannico, caldo di alcol, quale il Santa Maddalena o il Rosso di Menfi.

ESECUZIONE

1. Lessare le patate, schiacciarle, mescolarle con la farina integrale e formare degli gnocchi piccolissimi, più o meno della grandezza di un fagiolo.
2. Rosolare i fagioli con una noce di burro e la salvia. Dopo qualche minuto coprirli di brodo e lasciar cuocere per mezz'ora.
3. Sbucciare la zucca e tagliarla a pezzetti. Metterla a rosolare con olio, aglio e rosmarino. Coprirla con il latte e lasciar cuocere per mezz'ora togliendo il rametto di rosmarino. Passare la zucca al passaverdura e aggiustare di sale.
4. Lessare gli gnocchetti in abbondante acqua salata, scolarli e metterli in una terrina con i fagioli e un cucchiaio di olio extravergine di oliva e mescolare.
5. Servire direttamente nel piatto, stendendo dapprima la crema di zucca e coprire con un cucchiaio abbondante di gnocchetti e fagioli. Completare con una macinata di pepe.

PER PORZIONE:
493 Calorie - fibra 13,9 g

Risotto di Cenerentola

*320 g di riso Roma, 200 g di zucca a cubetti,
1 cespo di radicchio di Treviso tagliato a julienne,
qualche granello di pepe verde fresco,
1 spicchio di aglio tritato, 1/2 cipollina tritata,
1 bicchierino di vino bianco,
brodo di carne, burro,
sale e pepe, 1 piccola cipolla tritata,
parmigiano a piacere.*

INGREDIENTI PER 4 PERSONE

Vini - Ricetta semplice, dai gusti rustici e decisi, ma in ottimo equilibrio tra loro. Il vino dovrà essere bianco, maturo e di buona struttura, con gusto secco, bouquet ampio, leggermente aromatico e fruttato, fresco di acidità, morbido e caldi di alcol, quale il **Colli Berici Tocai** o l'**Ansonica del Giglio**.

ESECUZIONE

1. Rosolare velocemente il radicchio e la zucca con burro, un poco di cipolla e l'aglio.

2. Tostare il riso con burro e cipolla, spruzzare col vino bianco, unire il radicchio e la zucca rosolati e iniziare la cottura del risotto aggiungendo il brodo caldo poco alla volta.

3. A cottura ultimata servire morbido con parmigiano a piacere.

PER PORZIONE:
484 Calorie - fibra 2,6 g

Caramelle di pasta ai formaggi

CON PASSATO DI ZUCCA E TARTUFI

*200 g di pasta verde fresca, 200 di pasta fresca allo zafferano,
100 g di ricotta fresca, 100 g di caprino, 100 g di crescenza,
500 g di zucca mantovana, 50 g di parmigiano,
50 g di tartufo nero, olio extra vergine di oliva, sale, pepe,
noce moscata, maggiorana, 1 uovo, 100 g di burro.*

INGREDIENTI PER 4 PERSONE

VINI - Lo straordinario equilibrio gustativo-aromatico di questa preparazione, nella quale nessun gusto prevale sull'altro, orientano la scelta su di un vino bianco giovane, secco ma delicatamente morbido, con bouquet leggermente aromatico, fresco di acidità, abbastanza caldo di alcool, quale il **Valle Isarco Sylvaner** o il **Colli Martani Grechetto**.

ESECUZIONE

1. Tirare le sfoglie dell'altezza di 1 cm, tagliarle a strisce di 2 cm e sovrapporle intercalando i colori, e poi passarle alla macchina per ottenere una sfoglia più sottile.
2. Amalgamare insieme i formaggi, insaporire con sale, pepe e noce moscata e lasciare riposare in frigo per un'ora circa.
3. Tagliare dei quadrati di pasta con il lato di 7 cm. Spennellarli con l'uovo, farcire con il composto di formaggi e chiudere a caramella.
4. Pulire la zucca della buccia e dei semi, bollirla in acqua salata. Una volta cotta, frullarla con olio di oliva e maggiorana e una parte di tartufo nero. Mantenere in caldo.
5. Bollire le caramelle in abbondante acqua salata e passarle al burro e parmigiano.
6. Comporre il piatto mettendo la passata di zucca sul fondo, poi le caramelle e guarnendo con tartufo e maggiorana e servire ben caldo.

PER PORZIONE:
916 Calorie - fibra 6,4 g

Salsa di zucca e rafano

(PER BOLLITI IN GENERE; OTTIMA CON IL SALMONE O LA TROTA SALMONATA BOLLITI)

200 g di polpa di zucca,
100 g di rafano,
50 g di semi di zucca tostati (in alternativa gherigli di noci),
1 cucchiaio di aceto, sale, zucchero,
3 cucchiai di olio d'oliva.

INGREDIENTI PER 8 PERSONE

VINI - Poiché questa salsa, in genere, ha la funzione di accompagnare preparazioni a base di pesce, regolarsi conseguentemente per la scelta del vino, che dipenderà soprattutto dalle caratteristiche di quest'ultimo.

ESECUZIONE

1. Cuocere la zucca a vapore, passarla al setaccio, unire una spruzzata di aceto e un pizzico di zucchero e fare riposare la purea per mezz'ora.
2. Triturare al mixer prima il rafano e poi i semi di zucca, unire i due ingredienti, salare e fare riposare per mezz'ora.
3. Nella salsiera unire la zucca e il rafano. Amalgamare bene il composto aggiungendo un po' di olio d'oliva crudo.
4. Servire a temperatura ambiente.

PER PORZIONE:
44 Calorie - fibra 0,8 g

Alici in pastella al basilico

CON CREMA DI ZUCCA AL CORIANDOLO E SFOGLIETTE DI SEDANO RAPA

*16 alici di media grossezza, 4 uova,
100 g di farina, 10 g di parmigiano,
sale, pepe, basilico, 200 g di zucca,
50 g di porro, 10 g di semi di coriandolo,
200 g di sedano rapa,
0,5 dl di olio extra vergine d'oliva,
foglie di coriandolo, fumetto di pesce o brodo vegetale,
olio d'oliva per la frittura.*

INGREDIENTI PER 4 PERSONE

VINI - La saporosità del pesce, sostenuta da alcuni ingredienti a base aromatica-speziata, unitamente alla tendenza dolce conferita dalla zucca, richiedono in abbinamento un vino bianco secco di buona struttura, non eccessivamente giovane, con bouquet in evoluzione, fruttato e leggermente aromatico, fresco di acidità, morbido e caldo di alcol, quale il Collio Tocai o la Malvasia del Carso.

PER PORZIONE:
470 Calorie - fibra 2,7 g

ESECUZIONE

1. Spinare le alici lasciando uniti i filetti per la coda. Lavarle accuratamente e asciugarle.

2. Preparare la pastella battendo le uova con la farina. Insaporire con il parmigiano, il sale, il pepe e il basilico sminuzzato.

3. Pulire la zucca e tagliarla in pezzi regolari. Lavare e tagliare a rondelle il porro.

4. In una padella, stufare la zucca con il porro a fuoco moderato con un po' d'olio, coprire con il fumetto di pesce o con brodo vegetale e far cuocere, finché la zucca risulti tenera.

5. Passare al mixer zucca e porri e montare con l'olio extra vergine di oliva.

6. Tostare in forno per qualche minuto i semi di coriandolo, quindi macinarli e aromatizzare la crema di zucca.

7. Passare le alici nella pastella e friggerle in olio abbondante in modo che siano completamente immerse. Quando hanno assunto un bel colore dorato, scolarle su carta assorbente.

8. Pulire il sedano rapa, affettarlo sottilmente con l'affettaverdura, con un tagliapasta ottenere dei piccoli dischi. Infarinarli e friggerli sino a che non abbiano raggiunto la consistenza croccante di una sfoglietta.

9. Servire le alici fritte sulla crema di zucca, contornando con le sfogliette di sedano rapa e guarnendo con delle foglioline di coriandolo.

Insalata di polpi e zucca alla griglia

CON SEDANO MARINATO E CIPOLLA ROSSA DI ACQUAVIVA, VINAIGRETTE ALLA BORRAGINE

600 g di polpi, 200 g di zucca lunga di Napoli,
50 g di cipolla rossa di Acquaviva,
120 g di cuore di sedano,
40 g di olive nere, 150 g di borragine,
1,2 dl di olio extra vergine d'oliva,
80 ml di succo di limone,
20 ml di aceto, sale, pepe nero, prezzemolo, cerfoglio.

INGREDIENTI PER 4 PERSONE

VINI - La complessità gustativa della preparazione, i cui ingredienti contribuiscono a creare il piacevole equilibrio gustativo, contrapponendosi alla marcata tendenza dolce della zucca e dei polpi, deve orientare la scelta verso un vino bianco maturo, secco e dai profumi intensi ed evoluti, con sentori di frutta e di fiori, ancora fresco di acidità, giustamente morbido e di buona alcolicità, quale il Torgiano bianco riserva o il Biancolella d'Ischia.

ESECUZIONE

1. Tagliare in fine julienne la cipolla rossa e lasciarla sotto l'acqua corrente per circa un'ora.

2. Affettare la zucca e tagliarla a triangoli. Grigliarla e condirla con sale, pepe, prezzemolo tritato, aceto e un filo di olio extra vergine d'oliva. Mantenerla in caldo.

3. Affettare sottilmente il sedano, salarlo e fargli perdere il suo liquido di vegetazione. Risciacquarlo e condirlo con un po' di succo di limone, di olio extra vergine d'oliva e pepe nero.

4. Snocciolare le olive e tagliarle a spicchietti.

5. Per la vinaigrette, mondare la borragine dalle foglie più coriacee e passarla al mixer con l'olio extra vergine d'oliva e il succo di limone. Insaporire con il sale e il pepe e passare al colino cinese.

6. Dividere i polpi in tentacoli e grigliarli, avendo cura che non risultino troppo secchi e asciutti.

7. Sistemare nel piatto a ventaglio i triangoli di zucca grigliata e su di questi i tentacoli.

8. Condire con la vinaigrette alla borragine e cospargere con il sedano marinato, gli spicchietti di olive e la cipolla rossa cruda. Guarnire con qualche rametto di cerfoglio.

PER PORZIONE:
374 Calorie - fibra 1,9 g

Pietro Leemann

Zucca profumata con rafano e scampi

CONDITI CON ACETO BALSAMICO

*200 g di zucca mantovana matura, 20 g di rafano fresco,
40 g di riso integrale cotto e raffreddato,
8 scampi da 100 g cadauno, 40 ml d'olio d'oliva,
20 ml di aceto balsamico,
100 g di farina, olio, 20 foglie di dragoncello.*

INGREDIENTI PER 4 PERSONE

VINI - **L'intelligente accostamento del pesce alla zucca sembra voler accentuare la tendenza dolce della preparazione che viene invece riequilibrata dal rafano e dall'aceto balsamico, rendendola delicata, ma contemporaneamente saporosa. Occorre quindi scegliere un vino bianco di altrettanta struttura e classe, giovane, fruttato e leggermente aromatico, di buona freschezza, morbido e giustamente caldo di alcol, quale l'Alto Adige Riesling o il Sauvignon Poggio alle Gazze.**

PER PORZIONE:
329 Calorie - fibra 1,4 g

ESECUZIONE

1. Pulire gli scampi e con le teste preparare un brodo: schiacciarle, coprirle d'acqua e farle cuocere per 20 minuti.
2. Passare il brodo al colino cinese, metterlo sul fuoco e farlo ridurre a 6 cl di volume, raffreddarlo.
3. Col fondo di teste così ottenuto, preparare una salsa amalgamandovi 20 ml di olio d'oliva, l'aceto balsamico e sale.
4. Cuocere gli scampi leggermente salati al vapore per 2 minuti.
5. Tagliare la zucca pulita a fette sottili, infarinarla.
6. Preparare una pastella con la farina e 150 ml di acqua gelata. Passare le fette di zucca nella pastella e friggerle in olio a 180° per 3 minuti. Scolare su carta assorbente.
7. Tostare il riso in padella con il rimanente olio d'oliva e un pizzico di sale. Quando inizierà a rosolare, unire il rafano grattugiato.
8. Sul fondo di 4 piatti piani (per l'effetto cromatico, si consiglia di colore nero) disporre la zucca ben calda. Cospargerla con il riso al rafano. Su ogni piatto appoggiare incrociandoli 2 scampi tiepidi, condire con salsa all'aceto balsamico. Guarnire con le foglie di dragoncello.

Nota: La zucca e lo scampo, dolci, vengono contrastati dal piccante del rafano, e dalla leggera acidità dell'aceto balsamico. La zucca appena fritta è morbida croccante, lo scampo ha una consistenza leggera e si scioglie in bocca. Un piatto autunnale per il contenuto e per i colori.

Secondi Piatti

Spiedini di alici e zucca

400 g di filetti di alici fresche,
200 g di polpa di zucca gialla,
7 fette di pancarré, basilico, sale, pepe,
1/2 cucchiaio di prezzemolo,
1/2 cucchiaio di basilico,
1 spicchio d'aglio, sale, pepe.

INGREDIENTI PER 4 PERSONE

VINI - La saporosità delle alici si fonde armoniosamente con la tendenza dolce della zucca. Scegliere quindi un vino bianco giovane e secco, di buona struttura, con bouquet intenso e fruttato, abbastanza fresco di acidità, morbido e caldo di alcol, quale il Vesuvio bianco o il Bianco d'Alcamo.

ESECUZIONE

1. Tagliare a cubetti di 2 cm di lato la zucca; togliere la crosta a 3 fette di pancarré e poi tagliarle a quadrati di 2 cm di lato.
2. Su spiedini di bambù alternare i filetti di alici piegati a libro con il pancarré, la zucca, il basilico.
3. Tritare al mixer le fette di pancarré rimaste con il prezzemolo, il basilico, l'aglio, il sale e il pepe. Passare in questo trito gli spiedini.
4. Rosolarli in una padella antiaderente con poco olio.
5. Servire con insalatina mista condita con una vinaigrette al limone.

Nota: Per la buona riuscita di questo semplice e gustoso piatto è importante che la zucca sia molto fresca e non troppo matura; in caso contrario, infatti, essendo acquosa, durante la cottura si spappolerebbe, rovinando in modo irrimediabile la preparazione. Per questa ricetta, la zucca della costiera amalfitana, maturata ed asciugata dal "nostro" sole dell'estate è perfetta. Si può servire anche come antipasto.

PER PORZIONE:
134 Calorie - fibra 0,8 g

Torta monferrina

DI ZUCCA GIALLA E MELE RENETTE

600 g di zucca gialla,
600 g di mele renette,
300 g di amaretti rotti,
100 g di uvetta ammollata nel rhum,
100 g di zucchero,
3 uova intere,
100 g di cacao,
1 tazza di latte,
burro e pan grattato.

INGREDIENTI PER 6-8 PERSONE

VINI - La presenza degli amaretti e del cacao che si contrappongono alla dominante tendenza dolce della zucca, delle mele e del latte, indicano che il vino in abbinamento dovrà essere giovane ed aromatico, eventualmente appena frizzante, fresco di acidità, molto morbido, leggero di alcol, quale l'Asti Moscato o il Colli Piacentini Malvasia dolce.

ESECUZIONE

1. Prendere la zucca e le mele e, dopo averle sbucciate, lavate e tagliate a pezzi, porle in un recipiente a fuoco basso a cuocere e disfarsi.
2. Quando si sono asciugate bene, lasciarle raffreddare.
3. Intanto, preparare a parte tutti gli altri ingredienti ben sbattuti.
4. Unire in ultimo il composto raffreddato di mele e zucca e versare l'insieme in una teglia imburrata e cosparsa di pan grattato.
5. Mettere in forno caldo a 180°-200° per mezz'ora. La cottura sarà ultimata quando il coltello, infilato nella torta, uscirà pulito.

PER PORZIONE:
317 Calorie - fibra 5,5 g

Torta di zucca

AI SEMI DI SAMBUCO

1,5 kg di zucca, 200 g di zucchero, 1 dl di panna, 1 dl di latte, 4 uova, 2 cucchiai di farina bianca, 4 amaretti sbriciolati, 1 manciata di semi di sambuco.

INGREDIENTI PER 8 PERSONE

ESECUZIONE

1. Cuocere la zucca tagliata a pezzi nel forno a fuoco dolce, in modo che si asciughi.
2. Intanto amalgamare insieme gli altri ingredienti.
3. Quando la zucca è cotta, passarla al setaccio e unirla agli altri ingredienti mescolando bene.
4. Imburrare una tortiera, versare il composto e far cuocere in forno già caldo a 180°-200° per un'ora.
5. Farla raffreddare prima di servire.

VINI - Preparazione con caratteristico gusto della nostra pasticceria meridionale in cui, alla tendenza dolce della zucca e dei principali ingredienti, va aggiunto il gusto-aroma degli amaretti e dei semi di sambuco. Il vino in abbinamento dovrà essere bianco, non troppo giovane, dolce, eventualmente ottenuto da uve passite, con bouquet dai sentori floreali, fruttati e leggermente speziati, morbido e fresco di acidità, molto caldo di alcol, quale la Malvasia delle Lipari o l'Alto Adige Goldmuskateller.

PER PORZIONE:
224 Calorie - fibra 1,2 g

Delizia di zucca

CON PASTA DI MANDORLE AL PISTACCHIO

300 g di polpa di zucca,
200 g di ricotta,
250 g di pasta di mandorle al pistacchio,
1 cucchiaio di zucchero velato.

INGREDIENTI PER 4 PERSONE

VINI - Particolarissimo dessert i cui sapori sono caratterizzati da una intensa tendenza dolce a causa dei suoi principali ingredienti, da succulenza e da una discreta intensità aromatica conferita dal pistacchio e dalle mandorle. Occorrerà scegliere un vino bianco dolce, non troppo giovane, ottenuto da uve passite, con bouquet intenso, fruttato, floreale, erbaceo e vegetale, con sentori di frutta cotta, frutta gialla matura, frutta secca tostata, fiori di camomilla e di miele di acacia di buona struttura, ancora fresco di acidità, morbido e leggermente pastoso, molto caldo di alcol, quale il Moscato di Pantelleria o il Torchiato di Fregona.

ESECUZIONE

1. Gratinare la zucca dolcemente in forno, asciugarla, frullarla.
2. Montare la ricotta con lo zucchero velato e con i 2/3 della crema di zucca ottenuta.
3. Stendere bene la pasta di mandorle, fare dei cerchi sottili del diametro di 10 cm.
4. Adagiare sul fondo del piatto la crema di zucca, porre nel mezzo un cucchiaio di ricotta lavorata con la zucca, ricoprire con un cerchio di pasta di mandorle al pistacchio e servire.

PER PORZIONE:
333 Calorie - fibra 3,8 g

Crostata di riso e zucca

Per la pasta frolla:
120 g di burro, 100 g di zucchero a velo, 2 tuorli, 240 g di farina, 1 stecca di vaniglia, sale, 5 g di lievito in polvere.

Per il ripieno:
50 g di zucca tagliata a cubetti, 50 g di riso, 200 ml di acqua, 100 ml di crema pasticciera, 3 albumi, 30 g di zucchero.

INGREDIENTI PER 5-6 PERSONE

VINI - La succulenza della pasta frolla, la tendenza dolce e grassa della preparazione, conferita dalle uova e dalla crema pasticcera ed una leggera aromaticità della vaniglia, richiedono in abbinamento un vino bianco dolce, eventualmente passito o liquoroso, con bouquet evoluto e dai sentori di frutta matura e frutta secca, fresco di acidità, molto morbido e caldo di alcol, quale il Recioto di Soave Classico, il Colli Orientali del Friuli Picolit o la Malvasia di Bosa dolce naturale.

ESECUZIONE

1. Mescolare il burro, precedentemente ammorbidito, con lo zucchero, aggiungere l'interno della stecca di vaniglia, il sale e i tuorli, mescolare bene quindi amalgamare la farina e il lievito. Raccogliere la pasta a palla, avvolgerla in una pellicola trasparente e riporla in frigorifero per mezz'ora.
2. Mettere in un pentolino acqua, riso e zucca, portare a ebollizione e far cuocere finché il riso è cotto, aggiungendo, se necessario, un po' d'acqua.
3. Unire al composto di riso e zucca la crema pasticciera, mescolando bene.
4. Montare a neve gli albumi con lo zucchero e incorporarli al composto di riso e zucca.
5. Stendere la pasta frolla e rivestire uno stampo adatto. Versare nello stampo il composto e porre in forno caldo per 40 minuti a 180°.

PER PORZIONE:
483 Calorie - fibra 1,1 g

Dolci

Sergio Carboni

Sformatino di zucca

CON CREMA ALL'ANICE STELLATO

600 g di zucca pulita, 1 l di latte, 200 g di zucchero, 30 ml di liquore all'amaretto, il contenuto di 1 stecca di vaniglia, 3 uova.

Per la salsa inglese:
3 rossi d'uovo, 250 ml di latte, 80 g di zucchero, 3 anici stellati.

INGREDIENTI PER 6 PERSONE

VINI - La piacevole tendenza dolce di questa preparazione, unitamente alla sua gradevole sensazione aromatica conferita dal liquore e dalla vaniglia, indirizzano la scelta di un vino bianco giovane, dolce e delicato, con bouquet abbastanza intenso ed aromatico, morbido, fresco di acidità e giustamente caldo di alcol, quale il Colli Orientali del Friuli Ramandolo o l'Albana di Romagna dolce.

ESECUZIONE

1. Mettere tutti gli ingredienti eccetto le uova in un tegame e cuocere a fuoco lento per circa 40 minuti. Frullare aggiungendo le uova e passare al colino cinese.

2. Adagiare la crema ottenuta in stampi monoporzione e cuocere a bagnomaria in forno per circa 50 minuti a 120°.

3. Nel frattempo, preparare la salsa inglese: battere i rossi d'uovo con lo zucchero, portare a bollore il latte profumato con l'anice stellato, filtrare il latte e aggiungerlo al composto di uova sempre mescolando. Rimettere la crema sul fuoco senza far prendere il bollore. Lasciarla raffreddare.

4. Servire lo sformato tiepido, mettendo sul fondo dei piatti la salsa e contornando con cubetti di zucca saltati in padella e caramellati con lo zucchero.

PER PORZIONE:
428 Calorie - fibra 0,5 g

Dolci

Pere ripiene con zucca

6 pere da cuocere,
1 litro di vino (Nebbiolo o altro buon rosso),
4 tuorli, 600 g di zucca,
200 g di amaretti, di cui 6 interi per guarnizione,
20 g di pinoli, 20 g di uvetta,
profumo di cannella, liquore a piacere.

INGREDIENTI PER 6 PERSONE

VINI - Questo dessert presenta una discreta consistenza gustativa ed aromi molto variegati, per cui occorre scegliere un vino rosso dolce aromatico, eventualmente frizzante, con struttura leggera o media, bouquet intenso e con aromi floreali e fruttati, abbastanza fresco di acidità, molto morbido e leggero di alcol o abbastanza caldo, quale il Brachetto d'Acqui o l'Alto Adige Moscato Rosa.

ESECUZIONE

1. Cuocere le pere nel vino zuccherato e profumato di cannella per un'ora circa. Laciarle raffreddare, togliere il torsolo, cercando di lasciare il frutto più intero possibile.
2. Cuocere nel frattempo la zucca in forno per un'ora e mezzo circa a 150°, cospargendola, di tanto in tanto, con zucchero semolato e con liquore a piacere.
3. Terminata la cottura passarla al setaccio. Passare anche la polpa dei torsoli ed unire al composto l'uvetta, gli amaretti sbriciolati, i pinoli grossolanamente tritati, poca cannella ed aggiustare di zucchero, se è il caso.
4. Legare il composto con i quattro tuorli d'uovo e farcire le pere. Porre sulla sommità di un ogni frutto un amaretto imbevuto di un liquore a piacere e glassare la pera con lo sciroppo ottenuto dalla cottura delle pere stesse.

PER PORZIONE:
383 Calorie - fibra 5,1 g

Spumone di zucca

ALLE MANDORLE TOSTATE CON CANNELLA IN POLVERE, SALSA ALL'AMARETTO

*5 tuorli, 200 g di zucchero, 400 ml di panna,
2 albumi, 200 g di zucca,
1 bustina di vaniglia, cannella in polvere,
4 dl di salsa inglese (3 tuorli, 4 cucchiai di zucchero,
2,5 dl di latte), 420 g di amaretti,
100 g di mandorle filettate e tostate in forno.*

INGREDIENTI PER 8 PERSONE:

VINI - **La ricchezza gustativa di questa preparazione è caratterizzata dalla tendenza dolce, dalla succulenza e dall'aromatico-speziato dei suoi ingredienti che, al momento dell'assaggio, provocano un'esplosione di sapori e di aromi. Occorre quindi scegliere un vino bianco passito o liquoroso, dolce, di buona struttura, con bouquet aromatico, intenso, fruttato, floreale ed un poco speziato, fresco di acidità, morbido e decisamente caldo di alcol, quale il Moscato di Loazzolo o l'Albana di Romagna passita.**

1. Cuocere la zucca pulita in forno a 180° per 20-25 minuti e passarla al setaccio.

2. Montare i tuorli con lo zucchero. Unire la vaniglia.

3. Montate a neve ferma anche gli albumi.

4. Mescolare la zucca ai tuorli con una spatola di legno amalgamando bene. Unire la panna montata e infine gli albumi.

5. Mettere il composto in stampini monoporzione e porre in freezer per almeno 4 ore.

6. Preparare una crema all'inglese: montare i tuorli con lo zucchero, aggiungere il latte bollente mescolando bene e rimettere sul fuoco senza far riprendere il bollore. Unirvi gli amaretti sbriciolati e passati al setaccio.

7. Servire in piatti individuali con salsa inglese sotto e sopra allo spumone cosparso di mandorle tagliate a filettini e tostate. Infine, cospargere il tutto con cannella in polvere.

PER PORZIONE:
582 Calorie - fibra 2,4 g

Franco Colombani

Soufflé di zucca

300 g di polpa di zucca, 150 g di zucchero,
1 g di vaniglia,
4 uova, burro e zucchero.

INGREDIENTI PER 4 PERSONE

VINI - Ricetta dove la tecnica di preparazione si fonde con la fantasia e l'arte del cuoco, così come l'equilibrio gusto-olfattivo di questo dolce ad intensa tendenza dolce, si armonizza perfettamente con i limitati e semplici ingredienti utilizzati per la realizzazione. Il vino in abbinamento dovrà essere bianco, non troppo giovane, dolce, con bouquet evoluto ma delicatamente fruttato e speziato, morbido, ancora fresco di acidità e sufficientemente caldo di alcol, quale il Nus Malvoisie Flétri o il Trentino Vino Santo.

ESECUZIONE

1. Cuocere al vapore la polpa di zucca. Passarla al setaccio, unire zucchero e vaniglia.
2. Legare il puré zuccherato e vanigliato con i tuorli d'uovo.
3. Montare a neve gli albumi e amalgamarli bene al composto.
4. Imburrare e zuccherare 4 stampi da soufflé e riempirli.
5. Cuocere in forno su placca a 180° per 20 minuti.
6. Servire subito.

PER PORZIONE:
123 Calorie - fibra 0,4 g

Dolci

Enrico Parassina e Daniele Allegro

Crostata alla confettura di zucca

Per la confettura di zucca:
1 zucca di circa 5 kg, 800 g di zucchero semolato, 200 g di miele, 100 g di scorze di arancia e cedro, 1 limone, 1 dl di Marsala o vino bianco.

Per la pasta frolla:
300 g di farina, 150 g di burro, 100 g di zucchero, 2 tuorli, scorza di limone grattugiata, sale.

INGREDIENTI PER 8 PERSONE

Vini - Sapori decisi ed intensi caratterizzati da tendenza dolce, succulenza ed aromatico-speziato ai quali occorre abbinare un vino di media struttura, dolce, con bouquet fruttato, floreale, leggermente speziato, fresco di acidità, morbido e caldo di alcol, quale il Colli Orientali del Friuli Picolit o il Muffato della Sala.

ESECUZIONE

1. Mettere a bagno per una notte la polpa di zucca con lo zucchero e il Marsala.
2. Il giorno dopo, aggiungere il miele, le scorze d'arancia e cedro e quelle di limone.
3. Cuocere il tutto finché acquista la consistenza di una confettura.
4. Amalgamare il burro con lo zucchero. Aggiungere i tuorli, poi la farina, la buccia di limone e il sale. Impastare il tutto e lasciar riposare per un giorno.
5. Foderare una tortiera con la pasta frolla, poi mettere la confettura di zucca e decorare con delle striscette di pasta.
6. Cuocere per circa 20 minuti in forno a 200° e servire con una spolverata di zucchero a velo.

PER PORZIONE:
576 Calorie - fibra 2,7 g

Dolci

Flan dolce di zucca e mandorle
CON SALSA ALL'AMARETTO

20 ml di latte, 50 g di burro, 50 g di farina, 3 uova, 50 g di zucca pulita, 30 g di mandorle sgusciate, 60 g di zucchero.

Per la salsa all'amaretto:
20 ml di latte, 100 g di zucchero, 10 g di fecola di patate, 3 tuorli, 40 ml di panna, 25 g di amaretti, 30 g di pane grattugiato.

Per la guarnizione:
20 g di amaretti secchi sbriciolati, 25 g di burro, 100 g di zucca pulita, 100 g di noce di cocco, 25 ml di liquore all'Amaretto, zucchero a velo, foglioline di menta, cannella in polvere.

INGREDIENTI PER 4 PERSONE

VINI - Questa curiosa ed interessante preparazione presenta al gusto un vasto ventaglio di sapori con aromi intensi, ma in giusto equilibrio tra di loro. Occorre scegliere un vino bianco passito o liquoroso, dolce, con bouquet intenso e fruttato con sentori di frutta matura, frutta secca e spezie, giustamente fresco di acidità, morbido e caldo di alcol quale l'Erbaluce di Caluso Passito, il Nettare dei Santi passito, il Moscadello di Montalcino o la Malvasia delle Lipari.

ESECUZIONE

1. Tagliare la zucca per il flan in piccola brunoise (dadini minuscoli) e tagliare le mandorle, non spelate, in filetti verticali.

2. Unirle in un pentolino al latte già zuccherato e portare a ebollizione. Preparare il roux con il burro e la farina e incorporare il latte bollente. Raffreddare la base del flan e amalgamarvi le uova intere.

3. Mescolare il pane grattugiato con gli amaretti sbriciolati. Imburrare gli stampini da crème caramel e cospargerli con la miscela di pan grattato e amaretti. Riempirli con il composto e cuocere a bagnomaria in forno a 150° per circa un'ora.

4. Preparare una salsa inglese: battere bene i tuorli con lo zucchero, unire la fecola, stemperare con il latte e far cuocere senza arrivare ad ebollizione. Far raffreddare.

5. Montare leggermente la panna non zuccherata e incorporarla alla crema inglese insieme al liquore all'Amaretto.

6. Per la guarnizione, tagliare a lamelle la zucca e il cocco, passarle in padella con il burro e un po' di zucchero e quando saranno appena caramellate bagnare con il liquore all'Amaretto.

7. Servire il flan caldo con la salsa all'amaretto e la guarnizione di cocco e zucca caldi. Decorare con qualche fogliolina di menta e spolverare il flan con zucchero a velo e cannella.

PER PORZIONE:
638 Calorie - fibra 1,4 g

Ringraziamenti

Ristorante
GALLERIA DELL'HOTEL
PRINCIPE DI SAVOIA

Romano Resen

Piazza della Repubblica 17

20124 MILANO

♠

LA LOCANDA DI ALIA

Pinuccio Alia

Contrada Jetticelle

87012 CASTROVILLARI (CS)

♠

Ristorante
LE COLLINE CIOCIARE

Salvatore Tassa

Via Prenestina 27

03010 ACUTO (FR)

Ristorante
AMBASCIATA

Romano Tamani

Via Martiri di Belfiore 33

46026 QUISTELLO (MN)

♠

ANTICA OSTERIA
DEL PONTE

Ezio Santin

Piazza Negri 9

20080 CASSINETTA DI LUGAGNANO (MI)

♠

Ristorante
DAL PESCATORE

Nadia Santini

Loc. Runate

46013 CANNETO SULL'OGLIO (MN)

Ristorante
BORGO ANTICO

Sergio Cantatore

Piazza Municipio 20

70056 MOLFETTA (BA)

♠

SYMPOSIUM
QUATTRO STAGIONI

Lucio Pompili

Via Cartoceto 38

61030 CARTOCETO (PS)

♠

Ristorante
PAOLO TEVERINI

Paolo Teverini

Piazza Dante 2

47021 BAGNO DI ROMAGNA (FO)

Ringraziamenti

Ristorante
AL BERSAGLIERE
Roberto Ferrari
Via Goitese 260
46044 GOITO (MN)

♠

Ristorante SADLER
Claudio Sadler
Via Troilo 14
20136 MILANO

♠

Ristorante LA FRASCA
Marco Cavallucci
Viale Matteotti 34
47011 CASTROCARO TERME (FO)

♠

Ristorante L'ALBERETA
Gualtiero Marchesi
Via Vittorio Emanuele 11
25030 ERBUSCO (BS)

♠

Ristorante DA GIGETTO
Luigi Bortolini
Via A. De Gasperi 4
31050 TREVISO

♠

Trattoria IL FOCOLARE
Agostino D'Ambra e Rosario Sgambati
80074 CASAMICCIOLA TERME (NA)

Ristorante LA TAVOLA D'ORO
Giovanna Gasparello
Via Santa Chiara 2
31100 TREVISO

♠

Ristorante IL CASCINALE NUOVO
Walter Ferretto
Statale Asti-Alba, 15
14057 ISOLA D'ASTI (AT)

♠

Ristorante TIVOLI
Walter Bianconi
Loc. Lacedel
32043 CORTINA D'AMPEZZO (BL)

♠

Ristorante BISTROT CLARIDGE
Vincenzo Cammerucci
Via dei Mille 55
47042 CESENATICO (FO)

♠

Ristorante GABBIA D'ORO
Domenico Burato
Loc. Gabbia
37063 ISOLA DELLA SCALA (VR)

♠

LA LOCANDA DELLA TAMERICE
Igles Corelli
Via Argine Mezzano 2
44020 OSTELLATO (FE)

Ristorante VECCHIO MULINO
Luca Bolfo
Via Monumento 5
27012 Certosa di Pavia (PV)

♠

Ristorante AIMO E NADIA
Aimo e Nadia Moroni
Via Montecuccoli 6
20147 MILANO

♠

Ristorante CUCINA DEL MUSEO
Alberto Vaccari
Via Sant'Agostino 7
41100 MODENA

♠

Ristorante CASA FONTANA
Roberto Fontana
Piazza Carbonari 5
20125 MILANO

♠

CASANOVA GRILL HOTEL PALACE
Umberto Vezzoli
Piazza della Repubblica 20
20124 MILANO

♠

Trattoria IL MOLINETTO
Stefano Gandini
Loc. Molinetto
42033 CARPINETI (RE)

Ringraziamenti

GRAND HOTEL
VILLA ROMANAZZI-CARDUCCI

Antonio De Rosa

Via Capruzzi 326

70124 BARI

GOLF HOTEL RIVA DEI TESSALI

Giovanni Maggi e Virgilio Corrado

74025 MARINA DI GINOSA (TA)

RISTORANTE JOIA

Pietro Leemann

Via P. Castaldi 18

20124 MILANO

LAURA NICCOLAI

Via Termine 9

80064 S. AGATA SUI DUE GOLFI (NA)

RISTORANTE
LA CONTEA

Claudia e Tonino Verro

Piazza Cocito 8

12052 NEIVE (CN)

HOTEL DELLA POSTA

Renato Sozzani

Piazza Garibaldi 19

23100 SONDRIO

DON ALFONSO 1890

Alfonso Iaccarino

C.so S. Agata 11

80064 S. Agata sui due Golfi (NA)

L'ANTICA ARTE DEL DOLCE

Ernst Knam

Via Anfossi 10

20135 MILANO

RISTORANTE ITALIA

Sergio Carboni

Via Garibaldi 1

26038 TORRE DE' PICENARDI (CR)

RISTORANTE
FERRANDO

Piero Ferrando

Via D. Carli 110

16010 S. CIPRIANO DI SERRA RICCO' (GE)

FORESTERIA CREDITO ITALIANO

Fred Beneduce

MILANO

RISTORANTE ALBERGO DEL SOLE

Franco Colombani

Via Mons. Trabattoni 22

20076 MALEO (LO)

ARTE DELLA PASTICCERIA

Enrico Parassina e Daniele Allegro

Via A. Diaz 7

35031 ABANO TERME (PD)

RISTORANTE LANCELLOTTI

Angelo Lancellotti

Via Grandi 120

41019 SOLIERA (MO)

SI RINGRAZIA PER LA PREZIOSA COLLABORAZIONE:

Biblioteca Internazionale di Gastronomia,

Eugenio Medagliani, Famiglia Nizzoli,

Attilio Pollastri, Paola Salvatori,

Noemi Govi, Laura Valastro.

CALCOLI E TABELLE NUTRIZIONALI SONO STATI
REALIZZATI CON IL PROGRAMMA:

Mangi. 3, sviluppato da 3GTO Software
e Marco Riva

Finito di stampare in Luglio 1996
presso Milanostampa - Farigliano (CN)